FORAS DA CURVA

CARO(A) LEITOR(A),
Queremos saber sua opinião
sobre nossos livros.
Após a leitura, siga-nos no
linkedin.com/company/editora-gente,
no TikTok **@editoragente**
e no Instagram **@editoragente**,
e visite-nos no site
www.editoragente.com.br.
Cadastre-se e contribua com
sugestões, críticas ou elogios.

LUIZ FERNANDO GARCIA
ORGANIZADOR

FORAS DA CURVA

CONSTRUA RESULTADOS QUE FALAM POR SI PRÓPRIOS

Brenda Lindquist • Catarina Pierangeli • Cibele Costa • Cláudia Morgado • Claudio Santos • Cristiano Brandão • Denise Marques • Elisangela Toledo • Fernanda Morales • Fernando Moulin • Lucinha Silveira • Magali Amorim • Maitê Theodoro • Rafaello Pedalino • Renato Trisciuzzi • Sabrina Dourado • Sami Storch • Vanessa Sens • Wanessa Guimarães

Gente
AUTORIDADE

Diretora
Rosely Boschini

Gerente Editorial Sênior
Rosângela de Araujo Pinheiro Barbosa

Editora
Juliana Fortunato

Assistente Editorial
Camila Gabarrão

Produção Gráfica
Leando Kulaif

Coordenação Editorial
Algo Novo Editorial

Preparação
Algo Novo Editorial e Luciana Figueiredo

Capa
Plinio Ricca

Projeto Gráfico
Márcia Matos

Adaptação e Diagramação
Gisele Baptista de Oliveira

Coordenação Editorial e revisão
Luciana Figueiredo

Impressão
Plena Print

Copyright © 2024 by Luiz Fernando Garcia (org.); Brenda Lindquist; Catarina Pierangeli; Cibele Costa; Cláudia Morgado; Claudio Santos; Cristiano Brandão; Denise Marques; Elisangela Toledo; Fernanda Morales; Fernando Moulin; Lucinha Silveira; Magali Amorim; Maitê Theodoro; Rafaello Pedalino; Renato Trisciuzzi; Sabrina Dourado; Sami Storch; Vanessa Sens; Wanessa Guimarães

Todos os direitos desta edição
são reservados à Editora Gente.
R. Dep. Lacerda Franco, 300 – Pinheiros
São Paulo – SP – 05418-000
Telefone: (11) 3670-2500
Site: www.editoragente.com.br
E-mail: gente@editoragente.com.br

Dados Internacionais de Catalogação na Publicação (CIP)
Angélica Ilacqua CRB-8/7057

Foras da curva : construa resultados que falam por si próprios. / organização de Luiz Fernando Garcia. - São Paulo : Autoridade, 2024.
224 p.

ISBN 978-65-6107-017-1

1. Desenvolvimento profissional I. Garcia, Luiz Fernando

24-4052 CDD 658.3

Índices para catálogo sistemático:
1. Desenvolvimento profissional

NOTA DA PUBLISHER

Você já se perguntou o que leva uma pessoa a se destacar das demais e se tornar uma referência naquilo que faz e no modo como vive? Naturalmente, não existe uma só maneira de definir esse conceito ou traçar esse perfil. Foi pensando nisso que nasceu a ideia de publicar uma obra repleta de exemplos inspiradores de superação, liderança e autodesenvolvimento.

Para isso, busquei uma pessoa fora da curva, que pudesse unir ideias e percepções de diversas autoridades nos próprios campos de atuação e que oferecessem perspectivas e experiências diferenciadas de como alcançar resultados excepcionais. Automaticamente, pensei no Dr. Luiz Fernando Garcia – e não poderia ter acertado mais ao fazer essa escolha.

Autor e amigo, o Luiz Fernando é referência no desenvolvimento de mentes de sucesso, fonte de inspiração para todos que buscam alcançar resultados notáveis na vida pessoal e profissional, e não hesitou nem por um segundo quando o convidei para realizar essa nobre tarefa.

Cada um dos vinte autores aqui presentes adicionou uma camada única de conhecimento e inspiração a este conteúdo, tornando este livro uma compilação de amostras do alcance do potencial humano. Nestas páginas, você encontrará uma diversidade de temas que se interconectam e vão da superação de desafios pessoais, passando por autoconhecimento e transformação, até a construção de uma imagem profissional sólida e inspiradora.

Espero que as histórias aqui contadas possam transformar a maneira como você vê e vive sua vida.

Boa leitura!

ROSELY BOSCHINI
CEO e Publisher da Editora Gente

AGRADECIMENTOS

O fereço este livro a todos os empresários fora da curva a que atendo. Aos autores aqui presentes, que me acenderam o propósito de abreviar caminhos fora de séries. A este Brasil. E aos meus filhos, que um dia me apelidaram de "Amazing" e exigem que eu sempre seja alguém extraordinário.

Ao autores e aos empresários. Aos meus filhos. Ao meu irmão Eduardo. À Rosely Boschini e à equipe da Editora Gente, que sempre me lembram da nossa importância. E à minha equipe, que me ajuda a não guerrear só. Obrigado, "foras da curva".

SUMÁRIO

Prefácio..11

Introdução..15

Capítulo 1 Você é energia de transformação
CLÁUDIA MORGADO...21

Capítulo 2 Transborde sua singularidade
FERNANDA MORALES...31

Capítulo 3 Você é mais profundo do que raso,
só não sabe ainda
MAITÊ THEODORO...41

Capítulo 4 Viva sua vida única
CRISTIANO BRANDÃO E SABRINA DOURADO....................53

Capítulo 5 Autoconhecimento para a vida
CLAUDIO SANTOS...67

Capítulo 6 Transformando dores em força: a chave para
relacionamentos saudáveis e realização pessoal
SAMI STORCH..79

Capítulo 7 A prosperidade é para você
WANESSA GUIMARÃES...89

Capítulo 8 Na vida, tudo passa
DR. LUIZ FERNANDO GARCIA...99

Capítulo 9 O protagonismo é todo seu
BRENDA LINDQUIST, MAGALI AMORIM E ELISANGELA TOLEDO_109

Capítulo 10 Único, diferente e original:
faça seu talento brilhar
DENISE MARQUES_119

Capítulo 11 A eterna expressão de sua essência
CATARINA PIERANGELI_129

Capítulo 12 Destaque-se: estratégias para
um profissional de sucesso
LUCINHA SILVEIRA_143

Capítulo 13 Lidere com autenticidade
RENATO TRISCIUZZI_155

Capítulo 14 Empreenda de dentro para fora
RAFAELLO PEDALINO_167

Capítulo 15 Encontre sua identidade verbal autêntica
CIBELE COSTA_179

Capítulo 16 Como obter resultados excepcionais
em tempos complexos
FERNANDO MOULIN_191

Capítulo 17 Só falta ser digital!
VANESSA SENS_207

Conclusão_219

PREFÁCIO

Costumo falar que uma de minhas maiores paixões é criar inovação. Hoje, em aproximadamente 80% do tempo em que estou acordado, busco soluções e novidades e faço pesquisas sobre temas diferentes em que posso gerar mudança e disrupção. Foi assim que comecei minha jornada, e é assim que espero que você inicie este livro: com uma vontade imensa de transformar sua realidade, buscar o novo a partir do conhecimento. Com uma vontade imensa de inovar, fazer diferente, colocar em prática o que vai aprender aqui. Assim como coloco muito esforço e energia na busca por inovações, quero que você coloque muito esforço e energia na aplicação do que aprenderá aqui.

Por vivermos em tempos de competição por atenção, não se perder no meio do caminho é uma tarefa importante. Em cada canto da internet existe uma nova possibilidade; em cada novo perfil, um mentor; em cada novo vídeo, uma metodologia ou uma dica diferente. E aí vem a pergunta: como ser fora da curva em um mundo que empurra você para ser só mais um? Como encontrar sua voz, seu caminho, e criar seus próprios resultados? Para ser sincero, acredito que ser fora da curva não é para os fracos. Demanda esforço, disciplina, foco e uma dose enorme de coragem. Exige enfrentar medos, superar desafios e dores emocionais, assim como ter intenção de construir algo único. Exige busca, pesquisa, mudança e inovação, assim como uma postura humilde para entender que não sabemos tudo e precisamos aprender.

Essa foi a lógica que segui quando decidi construir minha carreira no marketing digital. Estava descontente com a possibilidade de ter uma carreira de sucesso apenas em um futuro distante e percebi que existia uma oportunidade para abreviar esse caminho. Achava que seria um atalho, mas, na realidade, foi uma construção de muito trabalho, estudo e aplicação. Perdi noites de sono, acabei deixando outras áreas da vida de lado, mas o resultado chegou. Então, não posso falar que foi fácil. Não foi. Tive questões muito importantes, faria diferente em alguns pontos se pudesse voltar atrás. Não entendia quando meu pai e minha família diziam que o caminho que estava trilhando não fazia sentido, mas, também por isso, por ter vontade de provar que faria diferente e poderia construir algo maior, decidi colocar ainda mais esforços para fazer dar certo. Foi assim que me transformei em um fora da curva.

Mas você não precisa seguir este caminho difícil. Aqui, ao lado vinte experts em temas diferentes, você conhecerá o melhor dos mundos em cada nicho para colocar em prática o que aprender. Este livro é como um manual rico em ferramentas que podem ajudá-lo nos mais variados campos. Ou seja, o que quero é incentivar o minset de crescimento para que você decida tomar a atitude de mudar. Essa é uma mentalidade de aprendizado contínuo, de resiliência e capacidade de ver soluções mesmo quando os obstáculos parecem intransponíveis.

Aqui, fracasso ou perda não são o fim da linha, são parte natural do processo para impulsioná-lo em direção ao que quer. Cultivar, então, esse tipo de pensamento é um ato de coragem que recomendo demais, pois assim você encontrará as soluções inovadoras e criativas que tanto busca. E você perpetuará seu legado, gerando mais impacto em seu ecossistema. Com conquistas e resultados, mas também com a sensação de ter feito o que era necessário para gerar a mudança.

Não há sucesso sem dedicação. Não há resultados sem esforço. Não há mudança sem desejo de transformação. Às vezes, uma pequena faísca, uma pequena descarga de energia luminosa e quente, é o que faz que a gente tome a decisão correta. Se minhas palavras incentivarem você a acender essa faísca, terei cumprido meu propósito. Não abandone esse estímulo; foque essa energia que está nascendo e a mantenha acesa ao longo de todo o percurso.

Existe uma frase que diz que "ninguém constrói nada grande sozinho". Mesmo sem saber, usei essa máxima para seguir em frente, e ela se aplica perfeitamente aqui: ao lado de grandes nomes, aprendendo com quem já viveu desafios e os superou ou até mesmo criou metodologias para fazer diferente, é possível superarmos nossos momentos complicados. Por isso este é um livro que desafiará você a pensar diferente. É uma promessa. Para que você mude a jornada, refaça as contas e, com intenção, se torne protagonista da própria vida.

Seu protagonismo está na construção de uma marca pessoal autêntica e em se libertar de suas dores emocionais; nas reflexões profundas sobre viver a própria verdade e ser original e em liderar a própria autenticidade. No entanto, o que você verá nas próximas páginas não tem a ver só com teoria, e sim com prática e anos acumulados de experiência de cada um dos autores. Individualmente, eles apresentarão temas específicos em que abordarão desde a criação de metas até o modo como concretizar sonhos ou mudar de carreira, se esse for o caso. Falarão sobre mudanças de hábitos, organização financeira, verdade própria, energia vital e mesmo sobre constelação familiar e o impacto nos relacionamentos.

A próxima questão é: o que fazer com tudo isso? E minha dica é: não fique apenas na leitura, coloque em prática! Teoria que não é colocada em prática se transforma em resultados não concretizados; se torna um sonho distante que ficou no passado. Então, aplique o que verá aqui, mesmo que um passo por vez. Anote, pense, refaça, volte, releia, pesquise, busque e aplique. Conhecimento só faz sentido quando é experienciado; quando é colocado à prova e sai do papel. E quem quer ser fora da curva precisa de dedicação e aplicação.

Se ainda assim este convite não tiver despertado em você a vontade de mudar e dedicar 80% de seu tempo à inovação de pensamento que este livro proporciona, deixo uma proposta diferente: vire a página, independentemente de onde esteja e de como imaginou passar os próximos minutos. Faça isso e mergulhe de cabeça, experimente colocar em prática o que está escrito nela.

Tenho certeza de que os resultados falarão por si. Primeiro passo dado, primeira decisão tomada, basta agir. O custo de não fazer algo que melhorará sua vida é muito maior do que o custo de fazer. Saiba disso!

Então faça. Apenas faça.

KAYKY JANISZEWSKI
Cofundador da Legitimuz e influenciador digital

INTRODUÇÃO

A ceitei o desafio de ser o organizador desta coletânea, recheada de autores inteligentes e com enorme potencial de transformar sua vida, com um objetivo claro: quero plantar uma semente. Quero que a cada letra, palavra, frase, parágrafo, página e capítulo, essa semente plantada seja semeada e cresça. Quero que fique forte, vingue, floresça e tenha frutos. E, por fim, quero que esses frutos tragam o melhor para sua jornada.

Hoje, acredito profundamente que cada pessoa, na própria existência, precisa transformar o passado e os momentos difíceis em superação. Esse sofrimento, por vezes, se manifesta de modo inconsciente, mas está ali, mesmo que a gente não consiga ver com tanta clareza. Manifesta-se em uma vida sem sucesso, em uma profissão que não anda para frente, em uma família desestruturada e com problemas, em um negócio sem crescimento. Por mais que atitudes sejam tomadas e novas tentativas sejam feitas, o sofrimento ainda está ali – e é preciso sublimá-lo.

A necessidade de sublimação deve ficar muito clara em sua mente ao longo das próximas páginas. "Mas o que é essa tal de sublimação, Fernando?", você pode estar se perguntando. Vamos imaginar a seguinte situação: aqui temos vinte autores, incluindo-me nessa conta, que passaram por situações e desafios, desde a infância e no âmbito pessoal ou profissional, e encontraram uma maneira de fazer algo diferente com o que aconteceu para mudar a própria história. A partir desses desafios, transformamos algo que não deu em certo em algo melhor e que oferece aprendizados.

Então, vejo que toda pessoa que dá certo a partir de uma história de superação tem um conteúdo capaz de transformar o próximo, fazê-lo se conectar à própria alma e gerar mudanças. Isso acontece, entre outras coisas, porque, psicologicamente, esse indivíduo encontrou uma maneira de plastificar, alterar ou embalar os próprios problemas de modo diferente. Em palavras mais simples, encontrou um caminho para ressignificar a própria história e, como consequência, decidiu dividir esse conteúdo a fim de que outros também possam utilizar esses insights como incentivo para a mudança.

Os autores nos acompanharão durante toda a jornada, na qual a sublimação é a transformação dos problemas e desafios da vida em histórias importantes e situações impactantes. Em uma análise mais profunda, isso significa que cada um dos autores que está aqui e entregou o melhor de si deixou uma marca a partir da própria sublimação, para que você possa conduzir esse processo em sua vida também.

Neste livro, falaremos sobre vida pessoal e negócios, passando por temas como comunicação única para construção de marca pessoal de impacto, dores emocionais e como se libertar delas, falta de resultados por falta de intenção e como reencontrar o próprio protagonismo. Falaremos ainda sobre originalidade, viver a própria verdade, relacionamentos, organização financeira, mudança de hábitos, liderança com autenticidade, autoconhecimento, criação de metas para construção de sonhos, possível mudança de carreira e muito mais.

Esta é apenas uma pequena e singela pitada da quantidade de conteúdo poderoso que você encontrará neste livro. Estou muito orgulhoso do trabalho feito, e foi por conhecer o potencial de sublimação de cada um dos autores que aceitei o desafio de estar aqui. Foi uma surpresa muito gratificante receber o convite da querida Rosely Boschini para fechar um evento com uma de minhas palestras. Ali, já estava muito feliz em poder compartilhar minha experiência com tantas mentes brilhantes. Depois, quando recebi o convite para ser o organizador desta coletânea, fiquei ainda mais orgulhoso e grato. Tive a certeza de que a jornada que trilhei ao lado da Editora Gente rendeu frutos muito bons e que mereciam ser passados adiante. Por isso, é com um carinho enorme que estou aqui, e carrego esta conquista como um troféu.

Portanto, espero que você sinta que está levantando este mesmo troféu ao aprender com os melhores e mudar sua vida pessoal e profissional. Se cada pessoa vive situações diferentes e passa por uma jornada diferente, pode igualmente dar significados diferentes ao que lhe acontece, assim como temos os simbolismos da vida. Na bandeira do Brasil, por exemplo, indo de fora para dentro, temos que o verde representa as florestas; o amarelo vem das riquezas minerais, uma vez que fomos um dos maiores exportadores de pedras preciosas do mundo; o azul representa o céu; e o branco, a paz. Temos também o lema "ordem e progresso", inspirado na filosofia positivista e que está estampado como algo que devemos lembrar para sempre. Por fim, temos as estrelas, que representam as 27 unidades da federação e algumas constelações, incluindo o Cruzeiro do Sul, uma constelação da Via Láctea com brilho intenso e que está ali demonstrada na exata posição ocupada em 15 de novembro de 1889, quando foi vista a partir de um observador no Rio de Janeiro, para relembrar a Proclamação da República no Brasil.[1]

São muitos símbolos! Mas a verdade é que o verde poderia ter outro significado. O amarelo poderia representar o calor que faz aqui, o azul poderia ser do mar e as estrelas poderiam ser outras constelações ou nem significar nada. Mas escolhemos trazer esse simbolismo para a nossa bandeira por motivos específicos, porque nos representa. Então, pense no quanto condensar uma história em símbolos traduz o poder de fazer diferente. Isto é o que espero que você faça também: a partir de novos símbolos e significados, olhe para o que está acontecendo em sua vida com uma nova lente. Quero mostrar na prática que tudo na vida é uma remontagem de nossa história de modo positivo. E isso é o que determina se uma pessoa dá certo ou não. Se ela tem sucesso ou não.

Cada história tem o poder de ser a ponte entre o que deu errado na construção de símbolos positivos para criação de aprendizados e novas possibilidades. Cada indivíduo tem o poder de pegar o que aconteceu de ruim e converter em algo novo e transformador, com uma nova abordagem e um novo contexto que poderá levá-lo ao sucesso. Isso quer dizer que o que foi ruim ontem, o sofrimento de ontem, não precisa estar presente hoje nem amanhã. Se algo ruim aconteceu no passado, nada garante que seja dessa forma no futuro.

---

[1] SÍMBOLOS nacionais representam a identidade de uma nação, diz consultor. **Agência Senado**, 17 set. 2020. Disponível em: https://www12.senado.leg.br/noticias/materias/2020/09/17/simbolos-nacionais-representam-a-identidade-de-uma-nacao-diz-consulto. Acesso em: 8 ago. 2024.

Pessoas são transformadas, assim como produtos também são. Nem sempre eles saem exatamente como deveriam sair na primeira tentativa, e gosto de utilizar a metáfora da Santíssima Trindade para explicar esse conceito, em que temos o Pai, o Filho e o Espírito Santo. O Pai, nessa metáfora, representa nossa capacidade de viabilizar um filho, assim como na Santíssima Trindade. Esse filho pode ser material ou não, bem como um herdeiro, um produto, uma empresa, um conteúdo, um livro, um trabalho voluntário ou algo que transforma a vida de outras pessoas. É qualquer experiência que se traduza em algo notório e que coloque o criador em um patamar de aplausos.

Porém, um filho não poderia cuidar de si sozinho. O filho é o produto de um pai, e é preciso que ele seja forjado no Espírito Santo e gere movimentos criativos, produtivos e sublimatórios para transformar as dificuldades em força motriz psicológica a fim de entregar ao mundo recriação, diferença e transformação. Ou seja, se você acha que sua história deu errado, lembre-se de que ela primeiro precisa dar errado para que possa encontrar os mecanismos necessários para dar certo. Esse é o processo natural das coisas. É aqui que mora o sucesso de cada um, que está em transformar a própria condição psicológica desfavorável em condição favorável de crescimento.

Portanto, aflore o que há de único em você, seu espírito santo, que é sua intuição clamando para ser ouvida e querendo iluminar seu caminho. Olhe para o que aconteceu, pegue o trabalho sublimatório feito por cada um dos autores destes capítulos e entregue seu melhor em individualidade e transformação.

Não precisamos ser os melhores. Precisamos ser únicos em nossa individualidade.

DR. LUIZ FERNANDO GARCIA

Acervo pessoal

CAPÍTULO 1
VOCÊ É ENERGIA DE TRANSFORMAÇÃO

CLÁUDIA MORGADO

@cmorgado.harmonizacao
@institutoclaudiamorgado
institutoclaudiamorgado.com.br

Cláudia Morgado é mentora e terapeuta bioenergética, além de CEO do Instituto Cláudia Morgado Escola de Bioenergia e Metafísica e Capacitação de Terapeutas. Há mais de dez anos trabalha com harmonização bioenergética, promovendo saúde mental e energia vital. Já ajudou mais de 10 mil pessoas a alcançarem resultados em todos os campos da vida. Com MBA em ciências da mente e liderança humanizada, é especialista nas áreas de bioenergia e metafísica, além de ter formação em programação neurolinguística (PNL), neurocoaching, psicologia da liderança e linguagem do corpo. Criou o método Harmonização Bioenergética dos sete chacras e os workshops "O poder do desapego" e "As 5 chaves do poder da escolha". Tem como principal lema a expansão da consciência e a autonomia bioenergética.

Você já se perguntou por que muitas vezes sente um vazio na alma, como se a vida não fizesse mais sentido? Já se perguntou por que não vive sua verdade e não tem os resultados que deseja? Essas são questões importantes, porém muitas vezes ignoradas pelas pessoas. Tenho percebido cada vez mais que o ser humano está desconectado da própria verdade, da própria essência de alma e do próprio propósito de vida. Está cada vez menos vivendo a vida que veio para viver e por isso acaba deixando de ter resultados naquilo que busca para se realizar pessoal e profissionalmente.

Nos atendimentos de harmonização bioenergética que realizo, percebo com frequência indivíduos com a saúde mental comprometida. Isso se dá por motivos variados, como pessoas apegadas ao passado e com medo de viver o novo; pessoas com excesso de responsabilidades na rotina, que vivem mergulhadas em dúvidas e incertezas sem ter o foco necessário para tomar decisões que levem aos resultados esperados. Indivíduos que acreditam que o melhor da vida está no passado, naquilo que já viveram. Isso acaba, entre outras questões, criando resistências de abertura para novas oportunidades.

Para que consigam suprir esse vazio de alma, as pessoas comumente recorrem a:

- Criação de dependência emocional com pessoas e fatos, gerando excessos de coisas ao redor, na tentativa de se sentirem mais seguras em relação ao futuro.
- Envolvimento em situações e círculos que geram vínculos energéticos e emocionais que, na maioria das vezes, drenam a energia de realização e tiram o estado de presença.
- Apego emocional que interrompe o fluxo da energia de manifestação do que pretendem criar, sendo um dos maiores vilões da falta de resultados.

Essas questões são urgentes e estão presentes na vida de diversas pessoas. Vejo que muitas estão vivendo a angústia de ver todos ao redor dando certo enquanto colhem a frustração de não ter realizado o próprio propósito de vida, permanecendo apegadas a uma jornada idealizada que não existe mais, repetindo sempre a mesma história e vivendo um ciclo vicioso de bloqueios em que parece que a sorte nunca bate à porta.

Se você está se vendo em algumas dessas situações, provavelmente o cansaço e a frustração já tomaram conta de sua vida e talvez, neste momento, você esteja se perguntando por que, apesar de tentar de tudo, ainda não tem os resultados que espera. O seu não é um caso isolado. Eu também já vivi essa angústia, e durante cinco anos permaneci na dúvida se deveria seguir em frente ouvindo meu coração e abraçando uma nova profissão, um caminho totalmente novo, ou se deveria ficar no passado, naquela vida que não me trazia realização, mas que me mantinha na zona de conforto emocional. **A verdade é que o medo de não dar certo em uma nova profissão paralisava minhas ações**.

O que eu não sabia, por outro lado, é que estamos aqui, passando por esse momento de mudança, para viver nossa missão de alma. Para deixar nossa marca no mundo. Quando negamos isso, deixamos de fazer a diferença ao nosso redor e na vida das pessoas. Deixamos de ajudá-las a encontrar o próprio caminho e, como consequência, passamos a vida toda colhendo a frustração de não termos seguido em frente.

Indo além, como terapeuta bioenergética, percebo que existem dois pilares essenciais que interferem na realização dos resultados: **fechar ciclos e se conectar com os próprios sentimentos**.

O primeiro deles acontece quando você não encerra os ciclos em sua vida, quando insiste em manter vínculos com o passado, deixa as coisas inacabadas, projetos não concluídos, promessas não cumpridas, mensagens não respondidas e relacionamentos pendentes. No workshop "O poder do desapego", ensino sobre a lei do ritmo, em que tudo tem começo, meio e fim. E tudo na vida é cíclico. Deixar as coisas paradas sem solução gera pendências intermináveis na vida, e isso bloqueia a energia de realização. Aceite que tudo tem um tempo. Todo ciclo encerrado libera energia para novos resultados.

Em segundo lugar, vejo que as pessoas experienciam, no coração, falta de conexão com a própria essência, com a própria verdade. A medicina chinesa considera o coração como o elo entre o corpo e o espírito. No livro *Mentes in-formadas, ondas de in-formação*, Hélio Couto afirma que o coração emana um poderoso campo eletromagnético sessenta vezes mais forte do que o cérebro.[1] O coração cria a realidade que conecta você com o campo de energia das potencialidades. O sentimento é sua verdade, e você precisa agir com a intenção clara do que quer criar.

Além desses fatores, provavelmente as principais dificuldades que você sente estão relacionadas à dúvida do que realmente deseja e ao sentimento de falta de merecimento em conquistar os resultados e viver seu propósito de vida. **A energia da dúvida gera interferência em seus resultados**, por isso você não atrai as oportunidades de que precisa para manifestar o que deseja. A dúvida gera dispersão de fluxo de energia de realização e atrasa os resultados dos projetos, gerando um sentimento de trava e frustração. Para manifestar algo em sua vida, é preciso acreditar e confiar em seu potencial de realização. Nós criamos isso por meio de nossas certezas, e para acessar o campo das possibilidades você precisa sentir a realização interna do que pretende manifestar em sua vida. Percebe como funciona?

A emoção é a fonte do poder e é a energia que nos faz ir na direção desejada. Um sentimento forte em forma de imagem gera energia suficiente para atrair uma possibilidade na vida e obter resultados. Quando você sente, está criando a própria realidade. Quando acredita, potencializa os resultados! **Um ser poderoso sempre será um ser emocionado.** Portanto, você faz sua vida melhorar ao pensar muito nela. É necessário avaliar o que quer ser, fazer e ter sem nem imaginar outras possibilidades. Neale Donald Walsch, no livro *Conversando com Deus*, ensina: "Não tenha pensamentos negativos, nem pessimismos e livre-se de todas as dúvidas".[2]

Desse modo, para ter resultados concretos, é preciso ter coerência em sua linha de conduta, intencionalidade clara, escolhas em sintonia com o propósito, frequência vibratória elevada, foco e consistência nos objetivos para gerar resultados. Perceba que o foco nos objetivos é o resultado da atenção e do pensamento. Onde estão seu pensamento e sua mente estará a energia que

---

[1] COUTO, H. **Mentes in-formadas, ondas de in-formação**: transferência de consciências arquetípicas e outras infinitas possibilidades. São Paulo: Linear B, 2021.

[2] WALSCH, N. D. **Conversando com Deus**: o diálogo que vai mudar a sua vida. São Paulo: BestSeller, 2021, p. 153.

o conduzirá à alta performance na conquista de seus resultados. Quanto mais presente você estiver, mais as oportunidades se apresentarão.

Quando mantém a intenção e o foco no que deseja realizar, surge em você o sentimento que o faz sintonizar o campo das infinitas possibilidades. Quando vigia seus sentidos e pensamentos, você cria um alinhamento vibratório com consciência e se conecta às ações que o levarão a viver aquilo que se relaciona a seu foco. Saiba que tudo em que você coloca a atenção passa a existir em seu mundo.

Assim, para ajudá-lo a trilhar esse caminho de consciência e ter resultados extraordinários em sua vida, preparei para você as seis chaves do poder da escolha. Vamos lá?

1) INTENCIONAR

Tudo começa com a força da intenção que conecta você a seu propósito de alma e ao campo do fluxo da energia da criação. Tenha a intenção clara do que quer manifestar na vida e em seus projetos. Por exemplo: "Eu tenho a intenção de que este método gere transformação em sua vida e ajude você a obter os resultados que deseja". Essa é a minha versão do intencionar, mas você deve criar a sua.

Na prática: inicie seu dia visualizando os resultados que quer manifestar. Sinta a emoção das coisas dando certo. Programe-se intencionalmente para cada situação. Utilize esse recurso também para suas metas de médio e longo prazo.

Como disse o dr. Wayne Dyer: "Os desejos são o movimento da mente universal dentro de você".[3]

2) ESCOLHER

Faça escolhas direcionadas a sua intenção e ao sentimento interno de realização. Por exemplo: se sua intenção é comprar um carro, você precisa ter clareza dos detalhes para atrair as oportunidades certas. Pense na marca, no ano, na cor, no modelo e no valor.

---

[3] DYER, W. **A força da intenção**: aprendendo a criar o mundo do seu jeito. Rio de Janeiro: BestSeller, 2006, p. 64.

Na prática: escolha um carro que você sente que pode ter e pagar neste momento e não use seus recursos financeiros com coisas supérfluas que o distanciam da compra. Mantenha o foco e a atenção no objetivo. Gere energia de movimento, e então vá a um revendedor de carros, pesquise, dê um passo em direção ao que deseja. Mas, antes de tudo, você precisa aprender a dizer "não" a tudo aquilo que não faz parte de seu foco ou que o distrai de seus objetivos.

Neale Donald Walsch foi quem disse que "Uma vida vivida por escolhas é uma vida de ação consciente. Uma vida vivida por acaso é uma vida de reação inconsciente".[4]

3) PENSAR

Tenha consciência de seus pensamentos e os rejeite caso não reflitam a realidade que quer viver. Seus pensamentos afastam ou aproximam você dos resultados que espera. Por exemplo: mentalize exatamente o carro que quer em sua garagem. Visualize-se usufruindo do carro.

Na prática: durante algumas vezes ao dia, pergunte a si mesmo: "Em que eu estava pensando? De onde veio esse pensamento? Ele contribui para atrair o carro que quero comprar?". A mentalização é uma poderosa ferramenta e, como tal, precisa ser usada corretamente para gerar frutos concretos.

"É preciso ter consciência clara de onde se quer chegar", segundo Luiz Fernando Garcia.

4) FALAR

Fale somente aquilo que quer realizar. O que você fala tem coerência com o que quer manifestar? Sua fala constrói ou destrói os resultados que você espera ter na vida. Lembre-se disso. Por exemplo: faça afirmações sobre a compra do carro no momento presente, como "Eu tenho o carro que desejo".

---

[4] WALSCH, N. D. **Conversando com Deus:** um diálogo sobre as preocupações e verdades do mundo moderno. vol. 2. São Paulo: Agir, 2009, p. 85.

Na prática, quando o centro de energia da garganta vibra em baixo fluxo energético, você não tem força de realização. Para ativar esse centro de força, quero propor que realize este exercício durante três dias consecutivos. Visualize por três minutos um ponto de luz azul-celeste partindo do centro da garganta e se expandindo para todo o corpo, como uma grande bolha de luz azul. Você pode fazer essa prática todos os dias, principalmente pela manhã.

E não se esqueça das palavras do prof. Adhemar Ramos: "Controle tudo o que você fala e fale somente o que é útil, necessário e verdadeiro".

5) PRIORIZAR

Eleja prioridades dentro de suas escolhas, para ter melhores resultados. O que você decide fazer agora agrega valor a suas escolhas ou procrastina os resultados que quer? Por exemplo: seja você a prioridade de sua vida e diga "não" a tudo que afasta você da compra do carro, voltando a nosso exemplo.

Na prática: elimine distrações, encerre ciclos, desapegue-se de coisas sem uso e em excesso, além de se afastar de pessoas tóxicas e acontecimentos que comprometam sua fluidez e que tirem a energia de suas prioridades. Você merece manter apenas o bom e o melhor em sua vida.

Miguel Uchôa aconselha: "O ser humano já nasceu com a inclinação para as escolhas erradas, com aquela vontade bem lá no fundo de trocar o eterno pelo passageiro".[5]

6) ESTUDAR MAIS

Quero deixar algumas referências caso você deseje se aprofundar nos assuntos.

- Para saber mais de desapego:
  - Revista *Mente Curiosa* de agosto 2022.
  - Workshop "O poder do desapego", de minha autoria.

---

[5] UCHÔA, M. **A arte de sabotar a própria vida**: como viver de forma intencional, vencendo a si mesmo, sendo bem-sucedido aos olhos de Deus. São Paulo: United Press, 2019.

- Sobre intenção:
    - Livro *A força da intenção*, de Wayne W. Dyer.
- Sobre potencialidades e probabilidades:
    - Livro *Mentes in-formadas, ondas de in-formação*, de Hélio Couto.
- Sobre a mente e o cérebro:
    - Livro O *cérebro de alta performance*, de Luiz Fernando Garcia.
- Sobre pensamentos e manifestação da realidade:
    - Livro *Conversando com Deus*, de Neale Donald Walsch.

Nos últimos dez anos de atendimentos, meu lema sempre foi a expansão da consciência e a autonomia bioenergética. Dentro dessa proposta, ensinei técnicas de metafísica e bioenergia a meus clientes e alunos com o objetivo de proporcionar ferramentas para que eles pudessem ter o melhor desempenho e os melhores resultados no dia a dia. Por isso, posso dizer que, ao aplicar o método, percebei que eles se mantinham em alta frequência vibratória por mais tempo e conquistavam resultados mais rápido. Quem vibra em baixa frequência percebe a vida travada, nada dá certo e tudo é mais lento para acontecer. Já para quem vibra em alta frequência, a vida flui, boas oportunidades surgem e os resultados chegam mais rápidos.

De modo geral, os alunos do workshop "O poder da escolha" perceberam que os pensamentos negativos que tinham atrapalhavam a própria vida. Perceberam que o medo gerava dúvidas e paralisava as ações, gerando procrastinação nas conquistas, e que, para ter resultados, precisavam de foco e intenções claras. Com isso, passaram a ter consciência da própria responsabilidade nos eventos e resultados que criam para si. Essa é a conclusão da importância de usar o tempo e a energia a nosso favor, mesmo que isso signifique, muitas vezes, abrir mão de certas coisas e falar "não" para outras pessoas.

Ter consciência do que impede os resultados é o primeiro passo para a mudança. Portanto, saiba que o método apresentado aqui pode ajudar você a reverter situações que até hoje o impedem de alavancar os próprios resultados, quebrar crenças e hábitos limitantes e se manter em alinhamento energético com intenções específicas, a fim de viver sua missão de alma e manifestar a vida que deseja viver.

O universo é congruente com nossa maneira de ser e agir, e como exemplo disso podemos citar os pensamentos e as palavras. Pensamentos têm força criadora e dão formas ao que idealizamos. São construções mentais que nos levam ao passado ou ao futuro, gerando gatilhos emocionais. Porém, você deverá se manter sempre atento e brigar contra manifestações negativas, porque os pensamentos de baixa energia enfraquecem, enquanto os pensamentos de alta energia fortalecem. Palavras são mágicas e plantam a realidade que colhemos. Verbos têm poder de construção e de potencialização dos objetivos. Desejos pronunciados têm mais força. Além de tudo isso, existe outro ponto importante: no campo das infinitas possibilidades, nossas escolhas, pautadas em nossas intenções, geram probabilidades de acontecimentos. **Sem atitude, o universo não se movimenta e vivemos sempre a mesma história.**

Criar a própria realidade é nossa responsabilidade. Estamos aqui por um propósito divino. Agimos, e o universo nos presenteia conforme nossa intenção e frequência vibratória. Então reflita: o que tem feito sobre isso? Tem vibrado na frequência do que deseja receber?

Aplicar esse método é um treino diário e possível, que pode abrir portas em todas as áreas da vida, como afetiva, financeira, de realização pessoal e profissional, de saúde, familiar, espiritual, de equilíbrio energético e emocional. Você conquistará resultados de modo leve e fluido, encontrando seu lugar no mundo! Escolher é assumir as rédeas de sua vida, é ser protagonista de sua história. Suas escolhas conscientes levam você à evolução e colocam seus dons e suas habilidades a serviço da humanidade.

Viva sua verdade e se conecte com a energia de sua essência por meio do coração. Desse modo, você construirá resultados que falam por si próprios. E, como diz Omraam M. Aivanhov, "Para agir corretamente, antes de mais nada buscar a luz".[6]

---

[6] AIVANHOV, O. M. **Regras de ouro para a vida cotidiana**. Rio de Janeiro: BestSeller, 2010, p. 35.

© Cla Ribeiro

CAPÍTULO 2
TRANSBORDE SUA SINGULARIDADE

FERNANDA MORALES

@fermoralesoficial

Fernanda Morales é especialista em inteligência sistêmica, psicologia financeira, naturopatia e medicina germânica. É criadora do método Ciência do Eu, que celebra a singularidade de cada indivíduo e guia as pessoas em uma jornada de autoconhecimento profundo, aceitação e crescimento.

Imagine acordar todas as manhãs com a sensação de que algo está faltando, um vazio que parece nunca se preencher. Imagine viver como se as expectativas dos outros estivessem sempre pairando sobre você, fazendo-o se sentir constantemente insuficiente. Fora a pressão interna, imagine ter que lidar com a pressão externa também. Imagine os relacionamentos, que são os laços que deveriam nos sustentar, mas que, muitas vezes, acabam por nos despedaçar. Palavras que não foram ditas, mal-entendidos e brigas intermináveis também entram nessa lista. No meio de tudo isso, imagine a luta diária para se aceitar, para encontrar algum vestígio de amor-próprio em meio à autocrítica constante. Se conseguiu imaginar tudo isso, quero que seja sincero: você se sente assim em alguma medida?

Infelizmente, isso é muito mais comum do que gostaríamos. Muitos de nós, em algum momento, sentimos como se estivéssemos vivendo à sombra das expectativas dos outros, forçados a esconder partes importantes de quem somos simplesmente porque elas não se encaixam nos padrões socialmente estabelecidos. Somos seres sociais, por isso é tão importante para nós viver em grupo. É um conflito interno que gera um sentimento profundo de inadequação e desconexão, sufocando o verdadeiro eu e fazendo a vida perder o sentido mais autêntico.

Ademais, a imposição de um ideal de normalidade força as pessoas a esconder delas sua verdadeira essência. Esse é um comportamento frequentemente reafirmado por um viés de conformidade social e de *statu quo* que nos alinha com o que é socialmente aceito em vez de nos fazer explorar e expressar nossa singularidade. Tudo isso distorce a percepção sobre nosso valor.

O que são esses vieses, afinal? São padrões de pensamento que herdamos ou aprendemos ao longo da vida. São uma espécie de filtro que afeta inconscientemente nossa visão de mundo e nossa tomada de decisão e nos afasta ainda mais de nossa essência. Talvez o maior desafio que você enfrente ao tentar viver sua verdade seja a pressão constante para se conformar às expectativas alheias. Como consequência, na grande maioria dos casos, surge um conflito interno em que a singularidade é sufocada em nome da aceitação externa. E, aqui, muitas emoções emergem.

Os sentimentos de inadequação e desconexão são comuns para aqueles que enfrentam o desafio da normalidade. Muitas vezes, esses sentimentos surgem porque você pode estar carregando a sensação de que é "anormal". Ao longo da vida, fomos ensinados, muitas vezes sem perceber, a nos conformar com o que é socialmente aceitável. Isso pode ser ainda mais profundo quando você reprime suas emoções.

Você pode ter aprendido que alguns sentimentos não devem ser mostrados, que são fraquezas, porém internalizar isso reforça uma ideia equivocada de normalidade, ou seja, piora ainda mais o estado de desconexão. Cada vez que reprime uma emoção, você se afasta um pouco mais de sua verdadeira essência, o que torna a sensação de não pertencer mais dolorosa.

Além disso, pode ser que você busque inconscientemente sinais que confirmem essa visão distorcida de si mesmo, reforçando a ideia de que há algo errado com você. Percebo que existe um ciclo de autocrítica e alienação que dificulta a conexão genuína com quem se é de verdade e com as pessoas ao redor. Ao reconhecer os vieses que influenciam sua visão de si e a repressão das emoções, você pode começar a romper esse ciclo e se reconectar com sua essência. Afinal, nossas relações com o mundo e com as pessoas são mediadas por nossas expectativas e nossas percepções.

Para muitas pessoas, o sentimento de frustração se torna uma constante quando se encontram travadas em padrões que não refletem a verdadeira essência delas. Essa frustração surge da sensação de que, por mais que tentem, não conseguem expressar plenamente quem realmente são. É como se houvesse uma barreira invisível entre a pessoa e a vida que ela deseja viver. E isso pode se manifestar em diferentes áreas: trabalho, relacionamentos e até mesmo em sonhos e aspirações. Ela sente que está sempre batalhando, mas nunca alcança a satisfação verdadeira porque não está vivendo de acordo com a própria singularidade.

É comum a sensação de estagnação, a percepção de que a vida não está avançando e que, apesar dos esforços, tudo permanece no mesmo lugar. E surge quando a pessoa sente que as próprias escolhas e ações não estão levando a lugar algum, como se estivesse presa em um ciclo repetitivo e infrutífero. É angustiante porque traz a impressão de que o potencial pessoal está sendo desperdiçado e a vida está sendo vivida sem propósito ou direção; e porque drena a energia e a motivação, deixando a pessoa sem a vitalidade necessária para buscar mudanças e seguir em direção a uma vida mais autêntica e alinhada com a própria singularidade.

Um dos principais motivos pelos quais uma pessoa enfrenta essa dificuldade é a influência dos padrões e traumas que carrega, talvez até mesmo sem perceber. Esses padrões podem ter sido passados de geração em geração, com vieses de atribuição e confirmação que acabam gerando reprodução de comportamento em vez de escolhas. É como se você estivesse seguindo um roteiro que não escreveu, e isso pode estar impedindo você de viver plenamente sua verdade.

Outro motivo é a cultura que encoraja a repressão emocional. Desde cedo, você pode ter aprendido que certas emoções são inaceitáveis ou que expressar seus verdadeiros sentimentos é um sinal de fraqueza. Em outras palavras, esse viés cultural pode estar afastando você de sua essência, dificultando a conexão com quem você realmente é. Então por onde começar a mudança?

Devemos iniciar um processo para que possamos compreender e valorizar nossa singularidade, reconhecendo os vieses que influenciam nossa percepção a fim de transformarmos a vida em uma jornada de realização autêntica e conexão profunda. Isso é fundamental!

Compreender e valorizar a singularidade é algo que precisa ser cultivado todos os dias. Esse é um processo contínuo, uma jornada de autodescoberta que exige dedicação e paciência. Encarar os vieses é um ato de coragem, mas, acredite, vale o esforço.

Cada pessoa tem uma singularidade que é, ao mesmo tempo, a maior força e o maior desafio. Em uma sociedade que muitas vezes valoriza a conformidade, ser singular pode parecer difícil, até arriscado. No entanto, é exatamente essa singularidade que tem o poder de transformar sua vida em algo profundamente significativo. Quando você começa a compreender e valorizar quem realmente é e a reconhecer os vieses que distorcem essa percepção, você passa a viver de acordo com sua verdade, e não com a verdade dos outros.

Por esse motivo, listei dois passos para você colocar em prática e estimular a valorização de sua singularidade.

PASSO 1: AUTOCONHECIMENTO PROFUNDO E INTEGRAÇÃO DAS PARTES

A primeira sugestão é uma jornada de autoconhecimento profundo, em que você é convidado a explorar os aspectos de sua identidade, incluindo aquelas partes que foram reprimidas, ignoradas ou consideradas inadequadas. O objetivo é trazer à luz essas partes "escondidas" e integrá-las de maneira harmoniosa a sua personalidade, o que é essencial para você aceitar e abraçar todas os aspectos de si e começar a viver de maneira autêntica.

Esse passo é crucial para romper os padrões herdados e começar a construir uma base sólida para uma vida alinhada com sua verdadeira essência. Nesse momento, o visceral aparece revelando a incoerência das emoções e das ações. Lembre-se: o cérebro prefere apostar no que ele acha que é verdadeiro, e você tem se construído até aqui. Por isso, precisa ter coragem para questionar o que acha que sabe de você mesmo em vez de afirmar que sabe quem você é. A investigação é um ingrediente da singularidade.

PASSO 2: EXPRESSÃO EMOCIONAL E AÇÃO CONSCIENTE

Com um entendimento mais profundo de si, transforme esse autoconhecimento em ação por meio da expressão emocional saudável e de decisões conscientes. Perceba, portanto, que essa expressão emocional saudável não é apenas "sentir", e sim *reconhecer*, *entender* e *dar voz* às emoções de modo que elas possam ser canalizadas para ações que reflitam sua verdadeira essência.

Isso significa desenvolver a habilidade de estar presente com as próprias emoções, sem julgá-las ou reprimi-las, e de expressá-las de maneira que promovam o crescimento pessoal e a conexão autêntica com os outros. Para isso, siga estas etapas:

A. MAPEAMENTO INTERNO: AUTOEXPLORAÇÃO

Reserve um tempo, de preferência pela manhã ou antes de dormir, para escrever um diário. Anote os momentos em que você sentiu que estava vivendo de acordo com as expectativas dos outros e identifique as partes de si que você sente que reprimiu ou escondeu. Pergunte-se:

- Que parte de mim estou ignorando ou evitando?
- O que essa parte quer me dizer?

Escreva sem censura, permitindo que todas as emoções e os pensamentos venham à tona. Ao final, leia o que escreveu e tente identificar padrões ou temas recorrentes. Isso ajudará a trazer à consciência as partes de sua identidade que precisam ser integradas e aceitas.

B. DIÁLOGO INTERNO: INTEGRAÇÃO

Escolha uma das partes de si identificadas na etapa anterior e imagine que essa parte é uma pessoa que está sentada a sua frente. Inicie um diálogo com ela, perguntando do que ela precisa, quais são os medos dela e como você pode cuidar melhor dela.

Responda a essas perguntas do ponto de vista dessa parte e depois do ponto de vista de seu eu atual. Anote essas conversas. Esse exercício de diálogo ajudará a integrar essas partes de forma que elas possam contribuir positivamente para sua vida em vez de serem fontes de conflito ou dor.

C. EXPRESSÃO EMOCIONAL: LIBERAR E SENTIR

Dedique um tempo diário para se conectar com suas emoções de maneira consciente. Sente-se confortavelmente e faça uma respiração profunda por alguns minutos, focando apenas seu corpo. Pergunte a si mesmo:

- O que estou sentindo agora?

Permita-se sentir plenamente essa emoção, sem tentar mudá-la ou reprimi-la. Se a emoção for forte, como raiva ou tristeza, experimente expressá-la de maneira segura, como escrevendo sobre ela, dançando ou até mesmo gritando em um espaço privado. Esse exercício tem como objetivo ensinar você a sentir e expressar emoções de maneira saudável, evitando a repressão que pode levar à desconexão de si mesmo.

D. ALINHAMENTO DE AÇÕES: DECISÕES CONSCIENTES

Antes de tomar uma decisão importante, grande ou pequena, pare e se pergunte:

- Essa escolha está alinhada com minha essência e meus valores?

Liste seus valores principais e use-os como guia. Se a decisão não ressoar com sua essência, explore outras opções até encontrar uma que esteja em pleno alinhamento. Pratique essa etapa diariamente, começando com pequenas decisões, como o que comer ou como passar o tempo livre, e gradualmente aplique-a a decisões maiores. O objetivo é desenvolver uma prática constante de viver de acordo com sua verdadeira identidade.

E. REFLEXÃO E AJUSTE: REVISÃO SEMANAL

No fim de cada semana, reserve um momento para refletir sobre como foram os últimos dias. Pergunte-se:

- Quando consegui agir de acordo com minha essência?
- Em que momentos ainda senti dificuldade em ser autêntico?

Anote suas reflexões e identifique onde pode fazer alterações na semana seguinte. Esse exercício de revisão e ajuste ajuda a manter o compromisso com o autoconhecimento e a vida autêntica, permitindo um crescimento contínuo.

Esses passos incluem um olhar atento aos vieses e às emoções reprimidas, permitindo que você se torne mais consciente de como esses fatores influenciam suas decisões e ações.

Os vieses, como o de conformidade social e o de ancoragem, nos fazem acreditar que precisamos nos ajustar para sermos aceitos, que somos inadequados se não nos encaixarmos no molde. Essa é uma luta que conheço bem, e é por isso que me sinto compelida a compartilhar como uma das crises mais difíceis da minha vida me levou a descobrir minha verdadeira essência e propósito.

Tudo aconteceu em meio a uma tempestade que nunca imaginei enfrentar: uma falência financeira devastadora e uma gestação gemelar em que um de meus filhos não permaneceu em vida, com o adicional do puerpério. Foi uma fase cheia de desafios emocionais. De repente, vi desmoronar o que eu havia construído. Na escuridão da crise, comecei a explorar novas formas de entender o corpo, o comportamento humano e a jornada biológica das decisões que tomamos. Foi nesse momento de ruptura total que encontrei não apenas uma nova profissão, mas também uma nova forma de ver o mundo – e, o mais importante, de me ver.

A falência não foi apenas financeira, foi uma desconstrução do que eu pensava ser. Porém essa desconstrução permitiu uma reconstrução mais poderosa, mais autêntica. Ao aplicar os métodos que compartilho, comecei a integrar todas as partes de mim – a dor, a insegurança, a força e a resiliência – em uma nova identidade que não apenas sobreviveu como também floresceu.

Compreendi que muitas das escolhas que nos levam ao colapso são moldadas por vieses e crenças que nunca questionamos. Ao começar a fazer questionamentos e reestruturar minha vida com base em um novo entendimento de quem eu realmente sou, fui capaz de me reerguer e construir algo que ressoasse profundamente com minha verdadeira identidade. Essa experiência salvou minha vida em um sentido literal e emocional, bem como me deu um propósito renovado.

Hoje, a ciência do autoconhecimento e da autorregulação emocional nos mostra que a mudança verdadeira não acontece por acaso, e sim por meio de um esforço consciente e contínuo. Quando você se compromete a compreender e valorizar sua singularidade, está, na verdade, engajando o cérebro em um processo de neuroplasticidade, isto é, a capacidade de se reconfigurar e formar novas conexões com base em experiências repetidas. Cada vez que você escolhe reconhecer e desafiar os vieses que influenciam sua percepção, você está literalmente reprogramando seu cérebro para operar de maneira mais alinhada com sua essência verdadeira. Isso não é apenas uma mudança de mentalidade, é uma transformação neurológica que melhora sua resiliência emocional e sua capacidade de tomar decisões mais assertivas.

Além disso, a psicologia, em diversos contextos – como a terapia cognitivo-comportamental, amplamente estudada e aplicada em padrões de pensamentos disfuncionais; a psicologia positiva, que identifica forças pessoais e *mindfulness*; e a atenção plena, que leva à redução da ansiedade –, ensina que o autoconhecimento profundo é essencial para o bem-estar emocional. Quando você conhece e compreende suas motivações, seus valores e padrões de comportamento, pode agir de modo mais intencional, reduzindo o estresse e aumentando a satisfação em diversas áreas da vida. Essa prática contínua de autoexploração e autorreflexão também fortalece seu senso de identidade, o que é crucial para viver de maneira autêntica.

Se ainda assim você está em dúvida sobre continuar nessa jornada, quero que pense na regulação emocional. Ao reconhecer os vieses que afetam suas reações, você se torna mais capaz de regular suas emoções, evitando respostas automáticas que muitas vezes são contraproducentes. A regulação emocional é fundamental para manter relacionamentos saudáveis, tomar decisões racionais e evitar o esgotamento. Quanto mais você se conhece, mais projeta suas reações e visões para enfrentar os pontos cegos de decisão e reduzir a cegueira do mundo.

Por isso, enquanto você se prepara para iniciar essa jornada transformadora, lembre-se de que a verdadeira mudança começa dentro de si. Assim como Abraão ouviu o chamado para "Lech Lechá", convidando-o a ir para dentro de si mesmo e encontrar a verdadeira identidade, também somos chamados a essa jornada de autoconsciência e autoaceitação. Não é uma tarefa simples, mas é, sem dúvida, uma das mais poderosas que você pode empreender.

Ao longo desse caminho, você encontrará partes de si que são belas, outras que são imperfeitas – mas todas são valiosas. A autoaceitação é um ato de coragem, em que você se permite abraçar completamente quem você é, com todas as luzes e sombras. É esse ato de aceitação que libera sua verdadeira autenticidade e permite que você viva com integridade, seguindo seu próprio caminho, não o que foi traçado por outros, e sim o que ressoa com sua essência.

Lembre-se de que a jornada que você está prestes a iniciar é profundamente pessoal. Será um caminho de altos e baixos, de vitórias e desafios. Cada passo dado com coragem e compaixão levará você mais perto de uma vida de plenitude e alegria genuína. Ao se render a quem verdadeiramente é, você descobrirá uma força interior que talvez nunca tenha imaginado ter.

© Samir Correia

CAPÍTULO 3
VOCÊ É MAIS PROFUNDO DO QUE RASO, SÓ NÃO SABE AINDA

MAITÊ THEODORO

 @maitetheodoro

Maitê Theodoro é empresária, mentora e palestrante em programação da mente. É uma força singular no campo da inteligência emocional, conhecida pela capacidade de transformar líderes e equipes com um olhar incisivo e inovador sobre o comportamento humano.

Formada em Administração pela Pontifícia Universidade Católica de Minas Gerais (PUC-MG) e com MBA em Finanças, Controladoria e Auditoria pela Fundação Getulio Vargas (FGV), Maitê alia a experiência corporativa de mais de uma década em multinacionais do setor de mineração a uma formação robusta em hipnoterapia e neurociência para oferecer um entendimento profundo e estratégico das emoções e das influências delas ambiente de negócios.

Mentora de pessoas que buscam aprender como se tornar líderes de si mesmos, tem uma abordagem fundamentada no entendimento de que o verdadeiro poder de liderança surge do autoconhecimento e da habilidade de navegar pelas próprias emoções e pelas dos outros com maestria.

O dia 25 de janeiro de 2019 mudou completamente minha vida. Às 12h28, a barragem de Brumadinho, em Minas Gerais, se rompeu, e assim perdi meu noivo em uma tragédia sem precedentes. Eu me vi diante de uma situação extremamente desafiadora, me sentindo perdida, sem esperança e sem ânimo para viver. E me questionei se a forma como havia vivido a vida até então estava realmente fazendo sentido, se minhas escolhas de fato me representavam. Vou falar sobre isso mais à frente, mas, por ora, convido você a refletir se está passando ou se já passou por situações em que não sabia o que fazer para se sentir melhor.

Quantas vezes sentimos algum tipo de desconforto, tristeza, angústia, fúria, revolta, frustração ou ansiedade que toma conta de nossa vida, nossas emoções e nossos pensamentos? Quantas vezes não sabemos como lidar com isso?

Algumas pessoas até conseguem sair da inércia e buscam ajuda para entender e aprender a lidar com tudo o que aconteceu com elas, mas, mesmo após várias sessões – talvez anos – de terapia, não conseguem entender a origem das emoções ou como encará-las. As emoções continuam controlando a mente, no lugar de serem as pessoas a estarem no controle. E tudo isso impacta não só nosso bem-estar, mas também nossas relações pessoais e profissionais, nossa produtividade e nossos resultados.

Nesses momentos, parece impossível que tudo possa se resolver, e talvez hoje você olhe para sua vida – tendo uma família, saúde, um trabalho, uma casa – e sinta-se mal por ainda assim não conseguir se sentir feliz.

A falta de inteligência emocional faz que você tenha dificuldade de comunicar o que pensa e sente. Falta clareza sobre o que deseja para a vida e sobra dificuldade nos relacionamentos. E tudo isso pode estar distanciando você de construir bons resultados a partir de uma vida equilibrada, próspera e feliz.

No fim do dia, a sensação de impotência toma conta, e é como se você estivesse preso em uma camisa de força ou andando em círculos. Por mais que queira e tente mudar a situação, parece ser um obstáculo intransponível. Talvez se sinta perdido em si mesmo, como em um emaranhado sem fim, do qual encontrar uma saída parece impossível.

E aqui vale reforçar um ponto importante: **ouvir as pessoas dizendo como é fácil mudar a situação só torna tudo ainda mais difícil, pois parece que todos conseguem ter êxito e encontrar a felicidade, menos você.** É como se a emoção tomasse conta e dominasse as rédeas de sua vida, tornando muito difícil dissociar qualquer coisa que aconteça desse sentimento de angústia. Qualquer pequeno problema toma proporções gigantescas. Pequenos obstáculos ganham relevância maior do que realmente têm, e você passa a enxergar a vida e o mundo por meio de lentes embaçadas.

Tudo isso pode surgir de uma sobrecarga no trabalho, uma frustração profissional ou uma perda pessoal ou financeira. Não conseguir reconhecer, entender e lidar com esses sentimentos pode fazer que decisões importantes fiquem ainda mais difíceis de serem tomadas, potencializando o problema e colocando o foco nos sentimentos ruins, e não na solução. Dessa forma, o tempo passa, a vida segue e nem nos damos conta. Como em um piscar de olhos, de repente os anos se foram, as oportunidades passaram e deixamos de aproveitar e viver a vida com todas as possibilidades que ela nos oferece.

Certa vez, ouvi a história de um homem que foi para um cruzeiro com tudo incluso, no qual era possível usufruir de várias opções de entretenimento, gastronomia e experiências diversas. Tudo perfeito para que ele tivesse dias maravilhosos. Contudo, antes de embarcar, algumas questões pessoais aconteceram e o deixaram muito triste. Decidiu então se fechar na cabine todos os dias. Ao fim da viagem, percebeu que não havia aproveitado nada do que aquela experiência lhe possibilitava.

Assim é também nossa vida: nascemos com um mundo de possibilidades para serem vividas, mas muitas vezes deixamos de aproveitar momentos especiais com as pessoas que amamos por não sabermos lidar com nossas emoções. Pior do que morrer é não viver – afinal, viver com medo é como viver pela metade.

A única certeza que temos nesta vida é da finitude dela. Entretanto, vivemos como se nunca fôssemos morrer, e assim negligenciamos nosso propósito maior, que é usufruir dessa experiência. Cada dia é como se recebêssemos, em nossa conta bancária da vida, créditos no formato de horas. Então reflita: como você tem usado seus créditos? Tem construído a vida que deseja viver?

Sobre esses fatores que delimitam nossa felicidade, percebo que acaba faltando, muitas vezes, conhecimento, entendimento e consciência de si e dos próprios pensamentos. Acaba faltando a habilidade de lidar com o que sentimos. Em outras palavras, falta autoconhecimento e autoconsciência. Isso se dá porque aprendemos diversas coisas ao longo da vida, mas não somos capacitados a aprender sobre nós mesmos. Não fomos ensinados a trazer nosso olhar para dentro e reconhecer nossos sentimentos e nossas emoções. Não entendemos o que sentimos, tampouco aprendemos a comunicar isso de modo claro.

E mais: estudamos o funcionamento de todos os sistemas do corpo humano, mas não entendemos o sistema de formação de crenças que faz que cada indivíduo relacione e reaja de forma completamente distinta a cada situação. Desconhecemos o poder dos pensamentos, ou seja, o poder que temos de cocriar nossa realidade a partir deles. Aprendemos a resolver equações complexas, mas não sabemos lidar com as adversidades do dia a dia. E percebi isso só depois de viver anos em uma longa busca para lidar com minhas questões internas. Foi nesse processo que percebi a dificuldade de encontrar um espaço em que técnicas, conceitos e ferramentas estivessem organizados e acessíveis para promover essa autoconsciência. Em geral, as informações que encontramos estão dispersas, o que dificulta o progresso significativo, levando muitas vezes à desistência.

Por isso, quero propor que você mergulhe no universo que é *ser você*, para então assumir o lugar de protagonista da própria história. O poder de transformar sua vida está dentro de você, esperando apenas ser despertado. Entenda isso como um processo que não deve ser feito sem a profundidade que o assunto merece, e você pode começar sendo um observador de si mesmo.

Passamos a vida voltados para o externo. Atentos aos outros, a tudo que acontece no entorno. Portanto, convido você a se perguntar quanto tempo dedicou para observar a si mesmo. Quantas horas parou de verdade para refletir sobre quem é? Como está se sentindo? Quais são seus objetivos? As escolhas que você tem feito o representam ou o que você tem vivido é apenas resultado das circunstâncias, e não de suas escolhas? São questões importantes e que serão o início de seu despertar para a vida. Sei que você sabe da importância de tudo isso, mas talvez nunca tenha colocado em prática.

Se conhecer, ter consciência de si e entender como sua mente funciona transformará não só sua maneira de ver e viver, mas também suas relações e, principalmente, seus resultados. Pessoas fora da curva aprenderam a usar e potencializar a própria mente a favor dos resultados. Isso é o que eu quero para você também. Por isso, sugiro que reserve dez minutinhos para realizar o exercício a seguir, que será o portal de sua transformação, passando pelas seguintes ações: despertar, entender, auto-observar, ressignificar, reprogramar e internalizar.

1) DESPERTAR

O primeiro passo do despertar é organizar os pensamentos e os sentimentos. Isso fará que você acalme a mente. Para isso, responda às perguntas a seguir:

- Qual é seu maior sonho?

- Você tem a vida com que sempre sonhou?

- Qual é seu entusiasmo de viver a vida?

- O que não está como você gostaria?

_____

_____

_____

_____

- O que você gostaria de mudar em sua vida?

_____

_____

_____

_____

- Como você gostaria que sua vida fosse?

_____

_____

_____

_____

São respostas que o ajudarão a ter mais clareza de seu estado atual e saber por onde começar a direcionar seus esforços. Responda com atenção e calma para encontrar as respostas dentro de você.

2) ENTENDER

Em seguida, analise cada um dos pilares de sua vida e dê uma nota de 0 a 10, em que 0 significa que esse pilar está muito ruim e 10 significa que o pilar está perfeito.

Os pilares são:

	Inteligência emocional
	Profissional
	Financeiro
	Intelectual
	Saúde
	Social
	Filhos
	Amoroso
	Pais e irmãos
	Espiritual

Aqui quero ajudar você a entender quais são os pilares que mais estão impactando seus resultados e suas emoções. Assim, você poderá despertar para os que mais precisam de atenção *agora*.

3) AUTO-OBSERVAR

Com esse panorama, precisamos agora mergulhar em um assunto que requer prática de auto-observação. Feche os olhos, mantenha-os fechados e observe o que você está sentindo. Perceba os sentimentos, as emoções, se existe algum incômodo, ansiedade, medo. De onde essa sensação vem? Fique em silêncio por alguns minutos, dando o tempo de que seu cérebro precisa. Permita-se sentir e sustente o desconforto ao responder a essa questão. Isso será fundamental para que consiga chegar às respostas e transformar sua realidade.

Talvez esse sentimento esteja relacionado a seu ego, ou quem sabe esteja se sentindo incomodado pois acredita que algum valor interno está sendo desrespeitado, ou então esteja remetendo essa situação difícil a um momento já vivido no passado. É possível também que estivesse esperando que alguém demonstrasse atitudes diferentes, e isso gerou fúria ou tristeza.

Olhe para dentro. O que você vê? Escreva cinco palavras e as repita em voz alta para seu cérebro.

_____

_____

4) RESSIGNIFICAR E REPROGRAMAR

Agora, mais desperto de suas emoções, escreva a seguir os prós de se manter nessa situação. Do outro lado, coloque os contras.

PRÓS	CONTRAS

Agora escreva quais são as crenças que você tem sobre esse assunto. Por exemplo: se você escolheu alguma questão financeira, pode escrever o que acredita ou o que sempre ouviu a respeito de dinheiro, como: "Querer crescer é ganância", "Somente os pobres vão para o céu", "Pessoas ricas são ruins e prepotentes" etc.

_____

_____

_____

_____

_____

Depois que finalizar, experimente escrever essas mesmas frases, porém de modo positivo. Por exemplo: "Crescer financeiramente vai me gerar a possibilidade de transbordar na vida do outro", "Jesus não condena a riqueza, e sim o apego a ela", "A característica das pessoas é definida pelo caráter; ser ruim e prepotente não está relacionado à quantidade de dinheiro, e sim aos valores e à educação".

Esta parte do exercício é muito importante. O objetivo é registrar e ressignificar o que você acredita em relação ao tema que está gerando sofrimento. Percebo que muitos de nossos resultados, ou a falta deles, estão relacionados às crenças que alimentamos e que distorcem nossa maneira de enxergar a realidade. Essas crenças limitantes são programadas por meio de uma forte carga emocional ou de experiências do passado que resultaram em comportamentos que aprisionam, de alguma maneira, e impedem você de vivenciar outras percepções da verdade. Reprogramar essas crenças trará impactos positivos para seus objetivos.

5) INTERNALIZAR

Quero deixar uma indicação de conteúdo extra. *Picos e vales*,[1] de Spencer Johnson, é um livro que ajudará você a lidar com momentos desafiadores. Ele vai auxiliar o despertar para o impacto de suas escolhas e mostrará como os picos e vales de nossa vida estão relacionados ao modo como nos

---

[1] JOHNSON, S. **Picos e vales**: aproveite os momentos bons e ruins em seu trabalho e em sua vida. Rio de Janeiro: BestSeller, 2009.

sentimos por dentro e como reagimos aos acontecimentos externos. É uma leitura fácil e ao mesmo tempo transformadora. É um processo de autodescoberta. Recomendo muito!

Em 2019, eu trabalhava na mineradora Vale. Após acompanhar de perto o caso do rompimento da barragem de Brumadinho, perder muitos entes queridos, inclusive meu noivo, e passar por uma forte carga emocional, tive um grande despertar e iniciei uma jornada de reconstrução de minha vida pessoal e profissional. Foi naquele momento que percebi que me faltava inteligência emocional e busquei encontrar saídas para isso.

Em 2020, encerrei minhas atividades como CLT, comecei a atuar na área de desenvolvimento humano e a estruturar uma empresa de joias. Desde pequena, tracei meus objetivos e me dediquei muito para alcançá-los. Mas em 2022, mesmo com muitos esforços, tinha a sensação de que as coisas não evoluíam, como se eu estivesse andando em círculos.

Sempre que eu pensava em crescimento profissional, uma voz interna me dizia que eu não deveria buscar tal prosperidade, que aquilo era ganância. E que ganância era algo ruim. Portanto, eu não deveria fazer algo ruim. Fiz o exercício que apresentei, identifiquei essa crença e percebi que a origem dela estava relacionada ao que eu havia vivido com o ocorrido em Brumadinho. A partir de então, voltei minha atenção para reprogramá-la.

Foi também quando entendi que pessoas prósperas conseguem transbordar na vida de outras pessoas. Veja, por exemplo, o caso de um grande empresário que consegue gerar empregos e sustentar milhares de famílias. Fiquei imaginando como isso é maravilhoso e como eu gostaria de transbordar na vida de mais pessoas.

Na época, fazia menos de três meses do lançamento da Essenza, minha marca de joias. Reprogramei essa crença e, quatro dias depois, recebi a notícia de que a Miss Brasil estava no tapete vermelho do Festival de Cinema de Gramado com um dos colares de nossa coleção. Logo depois, desenvolvemos juntas uma *collab* (parceria entre duas ou mais marcas para criar conteúdo ou produtos em conjunto), e as peças foram usadas na campanha do concurso Miss Universo 2022, com alcance mundial.

Esse é só um dos exemplos do impacto e do poder de quando despertamos para nossos pensamentos e nossos sentimentos. Esse foi um momento importante entre tantos outros que pude viver e acompanhar por meio de meus atendimentos. Pessoas que acreditavam que nunca mais teriam um relacionamento e, em um mês, estavam se relacionando novamente. Que não conseguiam se ver em situações positivas e passaram a se projetar e atingiram um objetivo ainda melhor do que sonhavam, como ter um emprego na empresa que almejavam. Pessoas com dificuldade de expressar sentimentos e que tiveram relações transformadas.

E sabe o que separa você dessas pessoas? A decisão. Elas decidiram olhar para as próprias emoções, entendê-las e lidar com elas, assumindo o controle no lugar de permitir que fossem controladas. Você pode escolher fazer como tem feito até agora ou então tentar uma maneira diferente de olhar para si, para sua vida, e assim transformar seus resultados. Além disso, ao entender como você mesmo funciona, começa a perceber um pouco mais como as outras pessoas também funcionam. E isso é muito poderoso. Cada um de nós é resultado das próprias histórias, das próprias experiências de vida, e isso nos torna únicos ao mesmo tempo que nos diferencia.

A consequência é libertar nós mesmos por meio da libertação de nós mesmos. Parece redundante, mas é a partir de reconhecermos e fortalecermos nossa identidade que nos tornamos livres para realmente viver quem somos em estado de presença. Não busque ser o melhor, busque ser único.

A partir dessas conclusões, começamos a desenvolver mais empatia pelo outro, o que transforma também nossas relações. Já experimentou entender o que está por trás do que o outro está sentindo? Já experimentou pensar quais crenças, medos, desejos, experiências e história cada um tem para si? Com vitórias e traumas?

Temos, a cada manhã, a oportunidade de tornar nossos dias especiais. De desfrutar da inteireza de nosso ser e das possibilidades que ele oferece, tornar as nossas relações mais saudáveis e construir nossos resultados. Isso está diretamente relacionado ao que existe dentro de nós. Você (es)colhe o que planta. O que você tem regado aí dentro de você?

Desperte, deixe de apenas existir e passe a viver verdadeiramente. Cuidar de você é o que o tornará alguém fora da curva, capaz de construir resultados que falam por si só.

© Esthefano Carletti © Esthefano Carletti

CAPÍTULO 4
VIVA SUA VIDA ÚNICA

CRISTIANO BRANDÃO

 @cristianobrandaomentor

Cristiano Brandão é diretor-executivo do Instituto Além do Conhecimento, autor do livro *A busca infinita por alta performance* (Chave Mestra, 2023), estrategista de carreira e consultor empresarial com mais de quinze anos de experiência em consultoria para grandes empresas. Foi speaker no TEDx Campo Grande com o tema "Estão matando a produtividade". É mentor de carreira, treinador e especialista em perfil comportamental e em inteligência emocional. É hipnólogo clínico com certificação internacional no Instituto Lucas Naves, além de um grande estudioso da neurociência.

SABRINA DOURADO

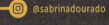 @sabrinadourado

Sabrina Dourado é advogada, escritora, mentora de vida e de carreira, além de CEO no Instituto Além do Conhecimento. É criadora do método Desperte sua Leoa e foi speaker do TEDx Campo Grande com o tema "Viver é raro, e ser feliz é urgente". É consteladora familiar e empresarial, pós-graduada em Psicologia Positiva, Neurociência e Mindfulness.

Se você pudesse dar uma nota de zero a dez em relação a quanto sente que a sociedade impõe normas e expectativas em nossa vida, qual seria? A partir de nossa percepção, essa imposição, que acontece de modo opressor e involuntário, é real e pode dificultar o alinhamento com nossa verdade pessoal. E essa dinâmica inclui pressões familiares, culturais e sociais que direcionam as escolhas e os comportamentos das pessoas. Por outro lado, viver a própria verdade significa desafiar essas expectativas enormes, o que pode levar ao medo de ser julgado, rejeitado ou isolado.

Seguir a própria verdade frequentemente implica sair da zona de conforto e enfrentar as incertezas e as intempéries da vida. O medo de fracassar pode ser paralisante e impedir que uma pessoa tome decisões corajosas que reflitam os verdadeiros desejos e valores dela; os anseios *reais*. A insegurança sobre o futuro e a falta de garantias dificultam a jornada de viver autenticamente e se desdobram em sentimentos de culpa, vergonha ou baixa autoestima, que, por sua vez, podem impedir que essa pessoa se sinta digna de viver de acordo com a própria verdade. Essas barreiras emocionais, muitas vezes internalizadas desde cedo, podem ser difíceis de ser superadas sem um trabalho consciente e intencional de autodescoberta e desenvolvimento pessoal.

Como se não bastasse, o desejo de evitar conflitos e manter a harmonia a qualquer custo pode levar as pessoas a se conformar com situações que não refletem a verdadeira essência delas. Em outra análise, a realidade é que elas não se dão o *direito* de ser *quem são* e de viver a própria *verdade mais profunda*.

A mornidão de não ser autêntico precisa parar de ser normalizada. É preciso parar de se contentar com resultados muito abaixo de seu real potencial, vivendo preso aos padrões e às crenças limitantes que atormentam e adoecem você. É desafiador sobreviver em meio às reclamações e à terceirização de responsabilidades, mas, nesse contexto, além de ser necessário romper essas barreiras e desenvolver talentos, não existe mais espaço para perder tempo de uma vida que poderia ser bem vivida. Não olhar para essas questões impede a vida abundante. **Não viver a própria verdade é estar fora de si**. É forçar para caber. É limitar ou, até mesmo, castrar dons e talentos únicos. E mudar isso é urgente na medida em que não nos sentimos cheios de quem somos em nossa inteireza.

Chega de viver em uma busca incessante por nada ou por qualquer coisa. Chega de ficar insatisfeito e sofrer. Chega de deixar de lado a saúde física, mental e espiritual. A realidade da situação é que estamos pagando um alto preço por não vivermos nossa verdade. Consequências materiais e imateriais têm se propagado com muita velocidade, em forma de resultados financeiros, profissionais ou pessoais. Poderíamos dizer que estamos em meio a uma pandemia generalizada de crise de identidade. A vida tem sido deixada de lado, com tanto tempo perdido ou mal gerido, hábitos de consumo frenéticos, vícios e compulsões de toda natureza que têm "roubado" a autenticidade e a felicidade da vida moderna. Deixamos de escolher com critérios específicos e passamos a viver em piloto automático. Portanto, é preciso retornar para a rota personalíssima, única e certeira da vida de cada um de nós.

Percebemos que os sentimentos e as sensações daqueles que estão presos a comportamentos e hábitos negativos podem ser devastadores e impactar profundamente a vida profissional e pessoal. Queremos explorar duas situações comuns: a sensação de frustração constante e o sentimento de insegurança paralisante.

A *frustração constante* é um dos sentimentos mais recorrentes nos dias atuais. Imagine um profissional que, apesar de ter um potencial evidente, não consegue avançar na carreira devido a hábitos negativos, como procrastinação e falta de organização. Esse indivíduo acorda todas as manhãs com a intenção de ser produtivo e alcançar metas, mas, ao fim do dia, percebe que mais uma vez não conseguiu cumprir as próprias tarefas. Ele sabe o que quer, sabe o que tem que fazer, mas, por medo ou falta de clareza, procrastinou mais do que produziu.

Aqui entra a frustração constante. A falta de progresso em relação às metas e aos objetivos gera essa sensação. Não é apenas um sentimento passageiro, é algo que se transforma em um círculo vicioso. Ao fim de cada dia, essa frustação mina a motivação e a autoconfiança. Você também se sente assim?

Já a *insegurança paralisante*, além de impedir que você se arrisque em novos desafios, também faz que subestime suas conquistas e habilidades. E perceba que, muito provavelmente, essa situação já aconteceu com você ou com alguém próximo. Nessa dinâmica, por medo de falhar, você evita assumir novos projetos que podem trazer grandes resultados. Com isso, se contenta com tarefas que estão abaixo de suas capacidades reais, acreditando que não é bom o suficiente para desafios maiores. É uma autossabotagem alimentada pela constante comparação com colegas que aparentam ser mais competentes e bem-sucedidos.

Atualmente, as redes sociais são um grande vilão para "despertar" esse sentimento. Começa em pequenas ações, como hesitar em dar opiniões, evitar a liderança de equipes, se recusar a empreender ou até mesmo não conseguir vender produtos ou serviços. Depois, essa insegurança cresce e gera uma paralisação, isto é, faz que a tomada de decisões fique praticamente impossível.

Em suma, a frustração e a insegurança são barreiras significativas para qualquer pessoa que busca ser fora da curva. Não apenas limitam o crescimento e a realização pessoal, mas também afetam a qualidade do trabalho e a percepção dos outros sobre suas capacidades. Superar esses sentimentos requer uma mudança profunda nos hábitos e nos comportamentos, começando por autocompreensão e adoção de novas práticas que promovam a confiança e a certeza de progresso. Guarde essas informações para que você esteja mais preparado para os próximos passos.

Percebemos que um dos principais fatores para que as pessoas tenham dificuldade de viver a própria verdade é o *medo do julgamento alheio*. Estamos muito preocupados com o que o próximo acha de nós. A sociedade, com padrões rígidos e expectativas frenéticas, frequentemente molda comportamentos e escolhas, sufocando a individualidade. Esse medo de ser criticado ou rejeitado leva muitos a adotarem um caminho seguro e convencional, deixando de lado as paixões e a autenticidade real.

Outro ponto crucial é a *falta de autoconhecimento*. Sem uma compreensão clara dos próprios valores, desejos e habilidades, é fácil seguir um caminho ditado por outros em vez de traçar *sua* trajetória. A ausência de introspecção e autoaceitação impedem a descoberta de uma vida plena e genuína, resultando em um ciclo contínuo de frustração e insatisfação. Viver fora de sua verdade priva você de vivenciar realizações autênticas e de ter uma conexão profunda consigo e com o mundo ao redor.

Então, podemos afirmar que é preciso cultivar a coragem para abraçar sua autenticidade ao desafiar o medo do julgamento alheio e se libertar das amarras das expectativas externas. Ao investir em autoconhecimento, você descobre seus verdadeiros valores, suas paixões e suas habilidades. Você cria uma base sólida para tomar decisões alinhadas com sua essência.

Saiba que essa é uma jornada que exige introspecção e autoaceitação, pois será preciso que você se reconecte consigo e viva de acordo com sua verdade interior. É difícil, porém muito recompensador. A autenticidade abre portas para experiências e realizações genuínas. Assim, você não só encontrará a satisfação pessoal como inspirará outros a fazer o mesmo, passando a ser exemplo e gerando um impacto positivo ao redor.

Hoje, ter modelos de pessoas que são, de fato, foras da curva é indescritível e essencial. Portanto, para construir resultados que falam por si e superar os comportamentos e hábitos negativos que impedem sua transformação, é fundamental adotar um método estruturado e eficaz. Apresentaremos dois passos essenciais, detalhadamente explicados, a fim de guiá-lo nesse processo de mudança: a identificação e o reconhecimento dos hábitos negativos e, em seguida, a substituição e a implementação de hábitos positivos. Vamos?

PASSO 1: IDENTIFICAÇÃO E RECONHECIMENTO DOS HÁBITOS NEGATIVOS

PARTE 1: AUTOANÁLISE

Identifique e reconheça os hábitos negativos que estão sabotando seu crescimento. Reserve um tempo para avaliar sua rotina, seus comportamentos e padrões de pensamento. Recomendamos a utilização da escritoterapia de auto-observação, em que você tomará nota de atividades, pensamentos e sentimentos ao longo do dia. Escreva o que conseguiu ou não fazer, o que atrapalhou ou ajudou você. Depois, reserve pelo menos quinze minutos por dia para o exercício e continue a fazê-lo por pelo menos trinta dias. Comece agora.

PARTE 2: APLICAÇÃO

Diariamente, reserve entre quinze e vinte minutos para refletir sobre suas ações e suas emoções. A partir das anotações sobre o que foi feito, escreva como se sentiu e identifique momentos em que procrastinou ou cedeu aos hábitos negativos.

Chegou a hora de identificar os padrões. Pergunte a si mesmo:

a) Quais comportamentos mais me impedem de alcançar meus objetivos?

b) Em quais momentos do dia sou mais propenso a ceder a esses hábitos negativos?

Após a primeira semana de anotações, revise seus relatórios diários e busque padrões recorrentes.

PASSO 2: SUBSTITUIÇÃO E IMPLEMENTAÇÃO DE HÁBITOS POSITIVOS

PARTE 1: DEFINIÇÃO DA NOVA ROTINA

O próximo passo é definir quais hábitos positivos serão adotados no lugar dos hábitos negativos. Você precisa criar os "bloqueadores" de seus "sabotadores".

Os sabotadores são comportamentos ou padrões de pensamentos negativos que atrapalham nossas relações e atividades cotidianas. São forças mentais que agem contra nossos interesses, minando a autoconfiança, a motivação e a capacidade de atingir metas. São atos que se originam de crenças limitantes, como experiências passadas que vimos, ouvimos ou sentimos de forma direta ou indireta, funcionando como uma barreira invisível que impede o progresso pessoal e profissional.

Esses sabotadores se manifestam desde pela autocrítica excessiva até a procrastinação, e muitas vezes operam de forma sutil, tornando difícil identificá-los. Eles são como vozes internas que questionam nossas habilidades, nos fazendo duvidar de nosso valor e potencial. Podem ser moldadas por fatores como educação familiar, ambiente social, traumas e até mesmo pela percepção de fracassos anteriores.

Já os bloqueadores são ferramentas utilizadas para impedir a ação dos sabotadores. São estratégias, técnicas e mentalidades que você pode desenvolver para neutralizar as forças negativas. São essenciais para a performance das tarefas que você precisa executar, pois permitem a manutenção do foco, da clareza e da motivação necessários para superar obstáculos e alcançar metas.

Esses novos hábitos devem ser específicos, mensuráveis, alcançáveis, relevantes e ter prazo determinado, ou seja, precisam ser como na metodologia SMART, que é um modelo amplamente utilizado para estabelecer metas claras e eficazes, garantindo que sejam tangíveis e atingíveis. O objetivo do método é evitar aspirações vagas ou mal definidas, que podem ser difíceis de alcançar ou medir. Veja como funciona cada componente:

- **S** (*Specific* – **Específica**): a meta deve ser clara e detalhada.
- **M** (*Measurable* – **Mensurável**): a meta deve ser quantificável, para que seja possível medir o progresso dela.

- **A** (*Achievable* – **Atingível**): a meta precisa ser realista e possível de ser alcançada.
- **R** (*Relevant* – **Relevante**): a meta deve ser relevante e alinhada com o que importa para você.
- **T** (*Time-bound* – **Temporal**): a meta deve ter um prazo definido para ser alcançada.

Utilizaremos aqui também a ferramenta 5W2H, com a qual você precisará definir, dentro dos hábitos positivos específicos, *o que* precisa ser feito, *como* e *por que* será feito, *quem* realizará a tarefa, *quando* será feita e *quanto* será gasto (de tempo e energia). Essa técnica funciona como um checklist estruturado para a realização de planos e projetos, garantindo que todos os aspectos importantes sejam considerados. O acrônimo 5W2H representa sete perguntas essenciais:

1. *What* (**O quê?**): define o que será feito. Exemplo: "Desenvolver um novo produto".
2. *Why* (**Por quê?**): explica o motivo da ação. Exemplo: "Aumentar a participação de minha empresa no mercado".
3. *Where* (**Onde?**): indica onde a ação será realizada. Exemplo: "Na matriz da empresa".
4. *When* (**Quando?**): define o prazo ou cronograma. Exemplo: "Iniciar em setembro e finalizar em dezembro".
5. *Who* (**Quem?**): especifica quem será o responsável. Exemplo: "Equipe de desenvolvimento de produtos".
6. *How* (**Como?**): descreve como a ação será realizada. Exemplo: "Utilizando metodologia ágil".
7. *How much* (**Quanto?**): define o custo ou orçamento necessário. Exemplo: "100 mil reais para o projeto, além do tempo integral da equipe".

A ferramenta 5W2H é um método para planejar ações, resolver problemas ou implementar projetos, fornecendo uma estrutura em que nada seja esquecido.

Teste a seguir a substituição de um dos hábitos negativos que você listou anteriormente. Indique o hábito:

Agora aplique o 5W2H e responda:

- O que precisa ser feito?

- Por que será feito?

- Onde será feito?

- Quando será realizado?

- Quem realizará essa tarefa?

- Como deverá ser feito?

- Quanto será gasto nessa tarefa?

A soma das ferramentas SMART e 5W2H é uma excelente estratégia para criar um plano de ação eficiente.

A implementação dos novos hábitos deve ser gradual e consistente. Mudanças drásticas podem ser difíceis de sustentar, por isso é importante começar com passos pequenos e aumentar progressivamente a complexidade.

PARTE 2: APLICAÇÃO

Comece com um hábito positivo de cada vez. Por exemplo, se o hábito negativo é a falta de organização, comece implementando uma simples rotina de planejamento diário.

Ajuste sempre que necessário. Utilize o diário de auto-observação para monitorar o progresso dos novos hábitos. Anote os desafios e ajuste as estratégias. A consistência é chave, e a flexibilidade para realizar ajustes garantirá a sustentabilidade das mudanças.

Saiba que, ao seguir esse passo a passo, você estará equipado com uma metodologia eficaz para identificar e substituir hábitos negativos, construindo assim resultados que falam por si. A autoanálise e o mapeamento dos impactos proporcionam a clareza necessária para a mudança, enquanto a definição e a implementação de hábitos positivos garantem um caminho sustentável rumo ao desenvolvimento pessoal e profissional fora de série, assim como aconteceu com um cliente que atendemos há alguns meses.

O dr. Daniel é médico e empresário e possui uma grande clínica. Embora tivesse potencial para ser um líder de destaque, frequentemente se via lutando contra a procrastinação e a desorganização. Essas dificuldades estavam começando a afetar seriamente a carreira dele: propostas perdidas, feedbacks negativos dos funcionários e uma crescente frustração pessoal se tornaram parte da rotina. O trabalho tinha hora para começar, mas nunca para acabar. Os atendimentos não tinham um padrão, e todos os dias alguns pacientes ficavam sem ser atendidos, o que demandava remarcação de consulta.

Essa dinâmica continuou até o dr. Daniel perceber que alguns colegas, até com menos especializações do que ele, estavam performando mais. A clínica não tinha ordem nem liderança. Tudo era feito na base da amizade. E isso precisava mudar. O ano era 2017 e fizemos uma reunião de alinhamento para entender exatamente o que ele esperava como resultado e estabelecer um objetivo.

Começamos o trabalho mapeando os dias e as ações no consultório. Todas as noites, reservamos vinte minutos para que ele refletisse sobre o dia que passou. Ele anotava as atividades, identificava os momentos de procrastinação e desorganização e refletia sobre como se sentia em relação a esses comportamentos. Após uma semana, ele identificou padrões claros: tendia a procrastinar tarefas que considerava difíceis ou que o aborreciam, e a desorganização era mais pronunciada durante os momentos de maior estresse, justamente quando os horários eram atropelados.

A partir disso, ele desenvolveu uma matriz em que listou os hábitos negativos e os impactos que eles geravam na vida profissional, pessoal e emocional. Depois, percebeu que a procrastinação e a falta de organização estavam levando a consultas não realizadas e à perda de confiança por parte da equipe. A desorganização estava também causando estresse desnecessário e afetando a vida pessoal do médico, pois ele frequentemente levava trabalho para casa para compensar a falta de produtividade no consultório.

Quando chegamos ao segundo passo, o dr. Daniel decidiu adotar a técnica Pomodoro para combater a procrastinação, em que ele dedicaria uma hora e vinte minutos por atendimento, seguido de dez minutos de intervalo. Para melhorar a organização, começou a usar uma lista de tarefas diárias e priorizar as atividades com base na matriz de Eisenhower, uma ferramenta que ajuda a separar as tarefas em urgentes e importantes, ou seja, o que será feito primeiro e o que pode ser feito depois.

Por fim, estabelecemos um número de atendimentos com base no tempo disponível (uma hora e vinte + 10 minutos de intervalo = uma hora e meia no total de atendimento). Assim, percebemos que não seria possível ter dezoito agendamentos em um dia, diminuindo esse número para doze pacientes por dia, no máximo. Além disso, criamos novos cargos para que o médico, a peça mais importante do consultório, pudesse colocar toda a atenção nos atendimentos. E foi assim que tudo começou a mudar.

Daniel continuou com a técnica Pomodoro para ajudá-lo a manter o ritmo. Na organização, começou a listar três tarefas prioritárias todas as manhãs e a se recompensar com um pequeno intervalo após concluir cada uma delas. A partir da terceira semana, criamos metas diárias, semanais e mensais, com premiações, assim tínhamos clareza se estávamos tendo progresso e se todos estavam trabalhando motivados.

No fim do primeiro mês, o relatório já não tinha mais o ciclo das frustrações constantes. Depois de quarenta e cinco dias, toda a equipe se sentia segura e confiante do que precisava ser feito, e os resultados só melhoravam. Após sessenta dias, dr. Daniel notou uma melhora significativa na produtividade e na organização. Começou a cumprir os prazos de atendimentos com regularidade, o que levou a feedbacks positivos da equipe e dos pacientes. O nível de estresse dele diminuiu, permitindo-lhe desfrutar mais tempo livre com a família.

A mudança mais impressionante foi a confiança renovada nas próprias habilidades. Ele não apenas reconquistou o respeito da equipe como também passou a ser visto como um líder capaz de gerenciar projetos complexos com eficiência.

Tudo isso ilustra como a aplicação sistemática de autoanálise, reconhecimento de hábitos negativos e a substituição por hábitos positivos podem transformar significativamente a trajetória de um profissional e melhorar sua qualidade de vida. O médico salvou a própria carreira e desbloqueou seu verdadeiro potencial, e tornou-se exemplo de como construir resultados que falam por si próprios.

Após seis meses de aplicação, as demandas já não eram mais problemas. Com resultados tão positivos em mãos, decidimos criar um curso para que o dr. Daniel compartilhasse todo o conhecimento que tem. Continuamos aplicando esse método, e em onze meses a clínica cresceu tanto que já contava com outros dezessete médicos.

Percebe como colocar o passo a passo em prática é crucial? Sem ação, o conhecimento se torna apenas uma teoria estagnada, incapaz de provocar qualquer transformação real. Implementar mudanças, mesmo que pequenas, cria um efeito cumulativo poderoso, conduzindo a uma vida mais autêntica e satisfatória. A mudança de hábitos é fundamental para construir um estilo de vida fora da curva, em que cada passo na direção de sua verdade interior fortalece sua confiança e autonomia.

Assim, nossa orientação final é: confie no processo e seja paciente consigo. As grandes transformações são compostas de pequenos e consistentes esforços diários. Lembre-se de que cada desafio enfrentado e superado é uma oportunidade de crescimento e aprendizado. A jornada para viver sua verdade é repleta de recompensas invisíveis no início, mas absolutamente transformadoras no longo prazo. Imagine a vida que deseja e use essa imagem como combustível para seguir adiante, sabendo que cada hábito transformado é um degrau escalado rumo a uma vida plena e autêntica.

Sabemos que é desafiador, mas não desista. Pessoas fora da curva também precisam lidar com limitações, dores e sombras. No entanto, se diferenciam por não sucumbirem a elas e por terem a obstinação necessária para realizar os próprios objetivos e metas de modo contundente e assertivo.

Lembre-se sempre de que você é o autor da própria história. Viver sua verdade é a chave para desbloquear um potencial ilimitado, capaz de transformar sonhos em realidade. Cada passo dado com coragem e autenticidade é um avanço significativo rumo à vida que você realmente deseja. Não permita que o medo do julgamento ou a acomodação o impeçam de alcançar a grandeza que está dentro de você. Encare cada desafio como uma oportunidade de crescimento, e cada pequeno progresso como uma vitória. A jornada pode ser árdua, mas a recompensa de viver de acordo com sua essência é inestimável.

Confie em si mesmo, persista com determinação, pois o poder de criar uma vida extraordinária está em suas mãos. Vá em frente, transforme seus hábitos e seja a mudança que deseja ver no mundo.

Acervo pessoal

CAPÍTULO 5
AUTO-CONHECIMENTO PARA A VIDA

CLAUDIO SANTOS

 @claudio_saints

Claudio Santos é autor do best-seller *Seja um fabricante de oportunidades* (Gente, 2024), empreendedor e CEO da Next Opinion no Brasil e em Portugal, empresa que atua em mais cinco países nas áreas de tecnologia, business e inovação. É investidor em mais de cem startups e empresas, e fez isso tudo após enfrentar a perda trágica do filho Arthur, de 9 anos, evento que o levou a ressignificar propósitos e a própria visão de mundo.

Com uma carreira dedicada à educação, ao empreendedorismo e a uma paixão incansável pelo desenvolvimento humano e social, há mais de uma década fundou o Instituto Gestar, que atua na área educacional e de fomento ao terceiro setor. Tem como missão capacitar as pessoas a fim de que acreditem que oportunidades são acessíveis a todos, independentemente das circunstâncias.

Após vários revezes na vida, resolvi investir tempo e energia em autoconhecimento para entender melhor minhas paixões e meus valores. Comecei a me perguntar:

- O que me traz alegria e satisfação?
- O que me causa frustração ou decepção?
- Quais são meus sonhos e minhas aspirações mais profundas?

No começo, eu não tinha respostas para essas perguntas. Com o processo de autoconhecimento e descoberta, comecei a perceber que sempre me sentia realizado quando estava envolvido em atividades que conectavam pessoas a negócios e oportunidades.

Continuei conversando com mentores, amigos próximos e familiares. Pedia feedbacks honestos sobre minhas qualidades e áreas em que precisava melhorar. A cada resposta, uma nova reflexão. Depois, com a clareza sobre quem sou e o que valorizo, decidi alinhar minhas ações diárias com meus valores e minhas paixões. Queria fazer escolhas que refletissem minha verdadeira essência. Então, estabeleci a meta de dedicar uma hora por dia ao aprimoramento pessoal em negócios internacionais e networking. Como estudar sempre foi uma de minhas paixões, não foi difícil manter a disciplina para continuar aprendendo e me desenvolvendo. Como meta específica, queria "conectar uma parceria ou fazer uma conexão internacional nos seis meses seguintes". E assim aconteceu.

Fiz um plano de ação detalhado, dividi o que estava imaginando em etapas menores e revisei regularmente meu progresso. Cerca de três meses depois, percebi que estava me aproximando da meta e fiquei ainda mais motivado. Ajustei novamente o plano, aumentei as conexões e os contatos e já estava gostando muito da jornada. Talvez você não tenha percebido isso ainda, mas a verdade é que construir resultados que falam por si próprios requer um compromisso com o autoconhecimento e com as ações, que por sua vez precisam estar alinhadas com seus valores e suas paixões. Assim, a meta deu certo e atingi meu objetivo. O passo a passo que utilizei apresentarei para você nas páginas seguintes, mas a lição com que quero iniciar o capítulo é esta: **para viver uma vida**

autêntica, plena e inspiradora, é preciso conhecer a si mesmo e olhar para dentro.

Quero reforçar um dos maiores problemas que percebo. No desenvolvimento de metas e na busca pela realização pessoal, sofremos com a *influência das expectativas sociais e familiares*, combinada com a pressão interna (por parte de nós mesmos) e externa (por parte da sociedade). Padrões de comportamento e sucesso são impostos e, muitas vezes, podem não ressoar com nossos desejos e valores pessoais.

Além disso, há o *medo do julgamento e da rejeição*, que impede muitos de expressar opiniões verdadeiras e fazer escolhas próprias de vida. Outro problema significativo é a *autoaceitação*. Diversas vezes, lutamos contra a insegurança e a autocrítica, acreditando que não somos bons o suficiente ou que nossas aspirações não são válidas. Isso pode ser exacerbado pela comparação constante com os outros, especialmente nas redes sociais, em que a vida do próximo parece sempre mais interessante e bem-sucedida.

Quando falamos sobre pressão social para conformidade, quero que você imagine uma pessoa que sempre sonhou em ser artista, mas que, preocupada com o que os pais e a sociedade poderiam pensar, escolheu seguir uma carreira em Direito. Apesar de alcançar o sucesso profissional, essa pessoa vive com o sentimento constante de insatisfação e vazio. Agora transporte esse exemplo para outras áreas e possibilidades. Se analisar com profundidade, verá que esse empecilho está presente na vida de muitas pessoas.

Quando estudamos a comparação destrutiva nas redes sociais, outra situação comum é a do indivíduo que, ao rolar o feed do Instagram, se depara constantemente com imagens de amigos e conhecidos vivendo vidas aparentemente perfeitas. Isso faz que ele se sinta insuficiente e frustrado com a própria realidade. A constante comparação afeta a autoestima e distorce a percepção do que é realmente importante.

Essa imposição de conceitos e modelos pode destruir sonhos e limitar o potencial humano, bem como as redes sociais podem criar uma falsa sensação de inadequação, levando à ansiedade e até mesmo à depressão, em casos mais graves. Por esse motivo, percebo que entender esses problemas, falar sobre eles e cuidar deles é crucial para superar as barreiras que impedem alguém de viver bem e feliz. Abrir-se para outras possibilidades de crescimento, mesmo que pareçam fora da realidade atual, é um passo fundamental. É preciso ver além das limitações imediatas e não se restringir ao alcance do tempo presente. Isso implica buscar novas experiências, aprender continuamente e desafiar as crenças limitantes.

Esse processo pode ser gradual. É preciso se permitir explorar novas e antigas paixões, questionar as expectativas impostas e, principalmente, acreditar que você é capaz de alcançar mais do que sua visão atual abrange. Ao fazer isso, estará não só vivendo com mais significado, mas também inspirando outros a fazer o mesmo. Deixará de viver em um estado de insatisfação profunda para viver em um estado de plenitude.

Essa sensação de "não ser o suficiente" é comum para muitas pessoas. Vamos entender se ela se aplica a você também: imagine-se acordando todos os dias para realizar um trabalho que não o inspira. O sucesso profissional e os elogios externos até vêm, mas não conseguem preencher o vazio deixado pela ausência de paixão e de propósito. Ao deitar-se na cama, é como se existisse um buraco dentro de você. Parece comum? Esse é o sentimento de insatisfação profunda que pode se manifestar quando existe desmotivação e tristeza.

Existe também a inadequação e a frustração. A pessoa até está ganhando, está crescendo, mas não consegue enxergar isso. E aqui o problema maior reside no fato de que essa sensação de inadequação pode evoluir para uma frustração intensa, em que a pessoa questiona as próprias escolhas de vida e as capacidades que possui. Esse ciclo pode levar à ansiedade e à diminuição da autoestima, afetando todas as áreas da vida.

Expectativas familiares e sociais também podem ser extremamente limitadoras. Por exemplo: sentir que deve seguir a mesma carreira que os pais ou manter a tradição familiar, mesmo que isso signifique abandonar os próprios sonhos e aspirações. Esse cenário é frequentemente alimentado por uma cultura que valoriza a conformidade e a estabilidade em detrimento da inovação e da paixão individual.

Redes sociais são um terreno fértil para a comparação destrutiva. Ver constantemente postagens de sucesso e felicidade dos outros pode provocar sentimentos de inadequação. Por exemplo, ver fotos de amigos viajando para destinos exóticos enquanto você está preso em um trabalho monótono pode fazê-lo sentir que vive uma vida insatisfatória. E, como as redes sociais nos incentivam a mostrar apenas o melhor e mais bonito, criamos uma visão irrealista da vida alheia.

Posso afirmar que a mágica acontece quando assumimos nossa autenticidade e buscamos nossas paixões, ignorando as expectativas externas e reduzindo a comparação com os outros. Ao trilhar esse caminho, experimentamos uma profunda sensação de realização e propósito. Quando vivemos de acordo com nossos verdadeiros valores e desejos, as atividades cotidianas passam a ter mais significado e relevância. Essa conexão com o que realmente importa proporciona satisfação genuína e duradoura.

Além disso, nossa autoconfiança cresce substancialmente à medida que alinhamos nossas ações com nossa verdadeira essência. A autoconfiança vem do reconhecimento de que estamos vivendo de acordo com nossa verdade, e não tentando nos encaixar em moldes impostos. Esse alinhamento interno fortalece a autoestima, tornando-nos mais resilientes diante de desafios e adversidades. Uma vida vivida com autenticidade e propósito é também uma vida mais equilibrada e feliz. E o equilíbrio surge quando há harmonia entre o que pensamos, sentimos e fazemos.

Com tudo isso em mente, confira as três etapas que preparei para que você coloque em prática algumas ferramentas de autoconhecimento, a fim de alcançar mais felicidade e bem-estar. Esse caminho é composto de: autoconhecimento e definição de valores, alinhamento de ações com valores e paixões e busca por conhecimento

ETAPA 1: AUTOCONHECIMENTO E DEFINIÇÃO DE VALORES

O primeiro passo é fazer um mergulho profundo no autoconhecimento. Dedique um tempo para refletir sobre quem você realmente é, quais são suas paixões e o que você valoriza na vida. Isso envolve entender seus pontos fortes, suas fraquezas, seus interesses e os princípios que guiam suas decisões. Anote todas as informações que vierem à mente:

Para colocar em prática essa etapa, quero deixar o diário como sugestão de ferramenta. Reserve alguns minutos todos os dias e escreva sobre seus pensamentos, sentimentos e experiências. Comece hoje, aqui, e implemente essa atividade em sua rotina por pelo menos trinta dias consecutivos.

a) O que me faz feliz?

b) O que me causa insatisfação?

c) Quais são meus sonhos mais profundos?

Anote todas as respostas e inclua o que você está sentindo em suas reflexões.

Depois, busque o feedback de pessoas confiáveis. Converse com mentores, amigos próximos e familiares em quem confia e peça retornos honestos sobre suas qualidades e áreas em que precisa melhorar. Isso pode oferecer uma perspectiva externa valiosa. Faça um resumo de pelo menos quatro pontos levantados.

ETAPA 2: ALINHAMENTO DE AÇÕES COM VALORES E PAIXÕES

Após ter clareza sobre quem você é e o que valoriza, o próximo passo é alinhar suas ações diárias com esses valores e essas paixões. Isso significa fazer escolhas e estabelecer metas que reflitam sua verdadeira essência. Para tanto, passaremos por três passos fundamentais.

A. ESTABELECIMENTO DE METAS

Defina metas específicas, mensuráveis, alcançáveis, relevantes e com prazo estipulado, que estejam alinhadas com seus valores e suas paixões. Escreva pelo menos cinco metas.

Essas metas, também chamadas de SMART, são ótimas para ajudar a ter um ponto de partida do que deseja realizar. Por exemplo, se você valoriza a criatividade, estabeleça uma meta para se dedicar, uma hora por dia, à pintura, à escrita ou a qualquer outra atividade criativa de que goste.

B. PLANEJAMENTO E EXECUÇÃO

Crie um plano de ação detalhado para alcançar suas metas. Quero que você divida uma meta maior e mais complexa em etapas menores e gerenciáveis, e estabeleça um cronograma para cumprir cada passo. Utilize ferramentas de gerenciamento de tempo e produtividade, como planners, aplicativos de tarefas ou calendários digitais para facilitar o processo neste passo.

A seguir, faça um rascunho inicial desse plano, definindo a meta maior e as metas subsequentes.

- Meta maior:

- Metas derivadas:

C. MONITORAMENTO E AJUSTE

Revise regularmente seu progresso em direção às metas. Ajuste o plano conforme necessário para garantir que está no caminho certo. Isso pode incluir modificar suas ações ou redefini-las conforme ganhar mais clareza sobre as prioridades. Para facilitar essa visualização, anote quais são suas prioridades nesse caminho de conquistas.

ETAPA 3: BUSCA POR CONHECIMENTO

Buscar conhecimento ajuda muito a abrir a mente e encontrar novos caminhos. Como leitura complementar, sugiro o livro de Simon Sinek, *Comece pelo porquê*,[1] a fim de que você possa iniciar essa jornada. Esse livro ensina que a chave para uma vida e uma liderança inspiradora é entender e

---

[1] SINEK, S. **Comece pelo porquê**: como grandes líderes inspiram pessoas e equipes a agir. Rio de Janeiro: Sextante, 2018.

comunicar nosso propósito. Esse alinhamento com o "porquê" cria uma base sólida para uma existência autêntica e gratificante, tanto pessoal quanto profissional.

Ao seguir esse princípio, você pode encontrar realização e felicidade e, indo além, inspirar aqueles ao seu redor a viver de acordo com as próprias verdades e paixões. Sinek também argumenta que, ao entender e comunicar claramente o próprio propósito, líderes e organizações inspiram outros a agir de forma alinhada e motivada. Essa ideia está profundamente conectada aos temas de autenticidade, autoconhecimento e alinhamento com valores e paixões que discutimos aqui.

Ao alinhar suas ações com seus valores e suas paixões, você terá o potencial de alcançar seus objetivos de modo mais eficaz e de encontrar um propósito mais profundo em suas atividades diárias. Isso resulta em maior felicidade e realização.

Então nunca subestime o poder de viver sua verdade. Dedique tempo ao autoconhecimento e alinhe suas ações. Essa jornada pode parecer desafiadora no início, mas os resultados são revolucionários e duradouros. **As maiores transformações exigem coragem e perseverança**.

Aqui estão algumas formas de motivação:

- Visualize seu futuro.
- Celebre cada pequena vitória ao longo do caminho.
- Busque apoio em amigos, familiares ou grupos que compartilhem seus valores e suas paixões.
- Relembre seu porquê.
- Entenda que a jornada de autoconhecimento e alinhamento é contínua.

Você tem dentro de si o poder de criar a vida que sempre sonhou. Quando escolhe viver de modo diferente, você não apenas transforma sua vida, mas também ilumina o caminho para outros fazerem o mesmo. Seja a inspiração que gostaria de ver no mundo e nunca subestime o impacto das mudanças. **Cada ação, quando alinhada ao que você realmente acredita**

e quer para si, é um novo passo em direção a um futuro mais brilhante. Acredite em si mesmo, celebre suas vitórias e continue avançando, mesmo quando o caminho parecer difícil.

Para fecharmos: você é capaz de alcançar grandes coisas. Confie no processo e saiba que cada esforço valerá a pena. Permita-se sonhar grande, viver com propósito e construir resultados que falam por si próprios.

Acervo pessoal

CAPÍTULO 6
TRANSFORMANDO DORES EM FORÇA: A CHAVE PARA RELACIONAMENTOS SAUDÁVEIS E REALIZAÇÃO PESSOAL

SAMI STORCH

@samistorch
@direitosistemico
direitosistemico.com.br

Sami Storch é juiz do Tribunal de Justiça da Bahia e mestre em Administração Pública e Governo pela Fundação Getúlio Vargas (SP). Pioneiro mundial no uso da constelação familiar no Judiciário, premiado pelo Conselho Nacional de Justiça (CNJ) e outras instituições, aprendeu de perto com Bert e Sophie Hellinger. Palestrante internacional, criou a expressão "direito sistêmico", tornando-se referência em resolução de conflitos e inspirando milhares de pessoas em diversos países. Docente da Hellinger®schule (Alemanha) e da Escola Nacional de Formação e Aperfeiçoamento de Magistrados (ENFAM), é autor do livro *A origem do Direito Sistêmico* (Tagore Editora, 2021) e de inúmeros artigos publicados no Brasil e no exterior. Tem como missão ensinar a resolução de conflitos com a aplicação prática das ordens do amor.

Toda pessoa é dotada do potencial de brilhar, de ser bem-sucedida e feliz a partir da própria verdade e das condições únicas que a vida oferece a cada um. Para a maioria de nós, a felicidade está ligada a ter relacionamentos saudáveis e que promovam bem-estar e estímulo para enfrentar e superar os desafios inevitáveis da vida. Em todos os casos, a percepção do próprio valor depende da capacidade de superar as adversidades, que é o que produz a sensação de vitória.

Nesse sentido, um estudo de Harvard comprovou que a felicidade está diretamente ligada a bons relacionamentos.[1] Acontece que os próprios relacionamentos, muitas vezes, constituem os maiores desafios da vida.[2] Alguns são também os mais importantes e podem ser inevitáveis – como os relacionamentos com pai, mãe e irmãos (família de origem) ou com parceiros afetivos, ex-parceiros e filhos (famílias constituídas).

De fato, quando se trata de superar dificuldades no âmbito dos relacionamentos – o que inclui, por exemplo, situações traumáticas vividas na família de origem e mágoas decorrentes de casamentos desfeitos –, o desafio é maior. Nem todos conseguem vencê-lo, mesmo ao longo de uma vida inteira. Por isso, quando o fazem, conseguindo superar o passado e se abrir para relacionamentos novos e saudáveis, as pessoas se percebem ainda mais bem-sucedidas e realizadas. O bem-estar promovido pelos bons relacionamentos e pela vitória é a fórmula perfeita da realização e da felicidade.

São justamente esses relacionamentos mais importantes, os familiares e amorosos, que, quando fracassam ou provocam dores difíceis de serem superadas, causam danos mais profundos e complexos de cuidar. Quem sofreu essas situações tende a querer excluir da vida os agentes da

---

[1] WALDINGER, R.; SCHULZ, M. **The Good Life**: lessons from the world's longest scientific study of happiness. Nova York: Simon & Schuster, 2023.

[2] NOVELLO, F. Estudo de Harvard afirma que bons relacionamentos são o segredo para uma vida mais saudável. **Época Negócios**, 9 jan. 2023. Disponível em: https://epocanegocios.globo.com/ciencia-e-saude/noticia/2023/01/estudo-de-harvard-afirma-que-bons-relacionamentos-sao-o-segredo-para-uma-vida-mais-saudavel.ghtml. Acesso em: 10 ago. 2024.

dor e o passado. Tenta esquecer e negar aquela experiência, que teve momentos dolorosos ou um fim indesejado, mas não consegue. Quanto mais se tenta esquecer e excluir alguém que foi importante em sua história pessoal ou familiar, mais ela se faz presente em memórias involuntárias ou em comportamentos inconscientes.

Estranhamente, é o ato de tentar negar ou excluir algum acontecimento doloroso, porém importante, que impede as pessoas de seguir adiante na vida e construir novos relacionamentos e projetos exitosos em todas as áreas. Ou seja: quem foi vítima de algo doloroso no passado adota uma postura que leva à repetição da dificuldade nos relacionamentos seguintes.

É um curioso paradoxo. Quanto mais as pessoas rejeitam as dores do passado, mais tendem a repetir os mesmos padrões. Não percebem que rejeitar os relacionamentos pelos quais passaram, independentemente do quanto foram bem-sucedidos ou não, tem o efeito de rejeitar a si. A dificuldade de lidar com a dor de relacionamentos passados tem um efeito inconsciente no comportamento das pessoas: faz que neguem o amor pelas pessoas mais importantes da vida, substituindo-o por julgamentos, ofensas e conflitos intermináveis. E quem carrega esses ressentimentos faz vítimas a partir desse comportamento, e não são somente aquelas que as feriram em primeiro lugar. No fim, quem mais sofre são as pessoas que mais gostaríamos de ver felizes, como novos parceiros ou até os próprios filhos.

Esse cenário gera sentimentos de estagnação, infelicidade e incapacidade de progredir. O drama se estende para além dos relacionamentos afetivos, pois a dor de um conflito ou ruptura mal resolvidos interfere na saúde física e mental, o que compromete a criatividade, a concentração e o raciocínio necessários ao bom desempenho profissional. Por mais que se tente afastar aquela memória incômoda, ela permanece na mente, influenciando as atitudes e a inação. Em outras palavras, a dor do passado impede a alegria do presente.

O pior, muitas vezes, é que nem percebemos a gravidade da situação, pois acreditamos que não há nada que possamos fazer a respeito. O ressentimento se justifica pelos erros de outras pessoas. Por exemplo: "Meu pai foi péssimo porque tinha problemas graves e me abandonou". Ou então: "Minha mãe não cuidou direito dos filhos porque era doente e narcisista". E até mesmo: "Meu ex-marido me traiu e dá mais atenção à nova família do que aos filhos que deixou comigo". A certeza de ter sido vítima gera sensação de impotência, raiva e desânimo. A justificativas servem como um conforto racional, mas se tornam chatas e cansativas para quem as ouve e não ajudam no que realmente importa, que é ter força e clareza para sair do ciclo repetitivo de relacionamentos fracassados e desenvolver relacionamentos saudáveis e harmônicos.

Depois desse sofrimento, o drama se repete. Sabe aquele relacionamento entre pais que tanto os fez sofrer e tanto gerou julgamentos por parte dos filhos, por ver o quão tortuosas foram essas vidas, impactadas de modo definitivo um pelo outro, mas frequentemente reclamando e desejando para si uma realidade melhor? É bem comum que, de repente, você se olhe no espelho e se veja vivendo algo bem parecido. Ou pior. Guerreando com a pessoa que um dia foi – e talvez ainda seja – a que você mais amou ou mesmo se perceba incapaz até de manter um relacionamento equilibrado.

É possível também que você se veja passando pela dificuldade, pela qual pessoas de sua própria família podem já ter passado, de conseguir se firmar em um caminho de realização profissional e prosperidade financeira. Provavelmente, seus familiares receberam olhares de preocupação e julgamento. A pergunta que fica é: como seus filhos se comportam ao ver você na mesma situação?

Talvez você já tenha percebido aonde quero chegar. Se você não fizer algo para sair desse padrão e dar um novo encaminhamento a sua vida, seus filhos serão os próximos a repetir o drama. Dependendo de sua atitude a partir de agora, eles poderão também seguir seu exemplo – os filhos amam seguir os exemplos dos pais – de virar a chave para transformar relacionamentos conflituosos em fonte de força e sabedoria.

Qual é o melhor caminho? E mais: por que algumas pessoas passam a vida inteira repetindo padrões de fracasso, por mais que se esforcem e busquem fazer diferente e acertar? Quais mecanismos inconscientes estão determinando nossas atitudes? Estamos preparados internamente para relacionamentos mais saudáveis, leves e bem-sucedidos, tão diferentes do padrão com o qual estamos acostumados?

Em primeiro lugar, precisamos entender que nós somos movidos pelo que nos *falta* que buscar aquilo que somos é o que nos *motiva*. Na vida precisamos nos preencher do que nos realiza: sermos nós mesmos, com todo nosso potencial. Porém, antes que alguém possa se satisfazer com algo que ainda não tem, é necessário se satisfazer com aquilo que já tem e com aquilo que é. E cada um é o resultado de tudo o que já viveu e também da vivência dos próprios antepassados. Cada tragédia e cada vitória que marcou sua vida pessoal ou ancestral ajudou a constituir sua realidade atual. Fomos ensinados a negar aquilo que não foi honroso ou agradável, mas, com isso, rejeitamos os aprendizados e o crescimento correspondentes, algo que faz parte de nós. É por isso que as pessoas, ao buscar a si e o que as preenche, tendem a reviver dramas. Quem rejeita a lição não aprende com ela.

Contudo, é nosso *direito* aprender e crescer com as experiências que a vida proporciona. Se, ainda que dolorosa, a experiência tiver sido bem aproveitada, pois aprendemos com ela, não precisaremos repeti-la. Então, você pode fazer diferente. Tome as dificuldades – as suas e as de seus antepassados – como presentes. Fortaleça-se com as lições e prepare-se para novas experiências que somente um novo padrão de relacionamento proporciona. Um novo rumo para essa história é possível e só depende de você.

Portanto, declare seu amor-próprio como fruto de uma história digna, mesmo que difícil. Renuncie à necessidade de classificar seus antepassados e destinos como maus ou bons. Ame tudo e todos que participam dessa história. Tome a si e a sua vida no coração, incluindo sua família de origem, sua história e todas as pessoas que fizeram parte dela, assim como foi até aqui: com todos os erros e os acertos, com todas as dificuldades, com os recursos que permitiram que a vida chegasse até você, com o preço pago pelas renúncias e com a bênção que é poder ser quem você é.

Quem enfrenta repetidamente um mesmo conflito ou dificuldade de relacionamento ainda não percebeu que a mudança começa na própria postura. Definitivamente, a solução não está na mudança do outro. É a história clássica de quem que vive relacionamentos violentos ou abusivos.

Imagine um filme no qual o herói sai vitorioso. A vitória só é relevante porque houve adversidades e pessoas que as representaram. Essas pessoas – que no filme podem ter atuado como vilãs – têm defeitos e qualidades, podem enfrentar as próprias dificuldades e ser vitoriosas em outros momentos. Ao final do filme, todos recebem os créditos – os mais importantes, mesmo que não sejam os "mocinhos", têm os nomes em maior destaque. Assim são as pessoas com quem tivemos conflitos importantes, principalmente de caráter familiar. Graças a elas, aprendemos, nos superamos e vencemos. Elas compõem nossa vida a ponto de nos identificarmos com elas. Reconhecendo isso, nos preenchemos de quem somos e de nossas experiências para nos sentirmos plenos. Dessa forma, estamos prontos para viver algo novo e que nos traga crescimento.

Como juiz, já acompanhei inúmeros casos em que, mesmo após intervenção da polícia e da justiça, depois de finalmente conseguir se distanciar do abusador, a vítima insiste em voltar. Ou então encontra uma nova pessoa com quem estabelece um relacionamento igual ou muito parecido com o anterior.

Em resumo, para mudar o padrão de relacionamento, a pessoa precisa virar uma chave interna, o que exige coragem e determinação. A maioria rejeita essa chave, assim como rejeita a própria história de dificuldades e a da família. E a chave nada mais é que o ato de converter o próprio olhar de rejeição em um de apreciação, de tomar os fatos e as pessoas que representam tal história como fontes de aprendizado, crescimento e força, em algo bom e gratificante. Virar a chave do olhar em relação aos relacionamentos tortuosos do passado resultará na mudança dos relacionamentos futuros.

Não é fácil dizer "sim" a alguém que representou tanto sofrimento na história de sua família. Portanto, recomendo começar com alguém de uma geração anterior à sua, como seu pai, sua mãe, algum avô/avó ou tio/tia, ou alguém que se relacionou com eles e causou uma mudança definitiva em sua vida, ainda que dolorosa. Nesse caso, mude o foco: olhe para algo positivo nessa história. Ela teve algum bom momento? Houve alguma superação, aumento da resistência, fortalecimento, aprendizado? Alguém importante nasceu ou sobreviveu graças a ela? Deixe de lado, por um instante, a dor e a negação e foque a vitória contida nessa história. Se conseguir encontrar esse caminho, achou algo gratificante. Então, agradeça!

Esse acontecimento, que na época foi trágico, fortaleceu alguém, o fez desenvolver uma capacidade especial? Você também é resultado disso. Ao olhar com apreciação, você toma essa capacidade especial e o aprendizado para si e não precisa mais passar pela mesma provação. Alguém já fez isso, e você pode ficar só com a força!

Agora, você está pronto para olhar a pessoa com quem ainda tem um conflito e agradecer também a ela os bons momentos, as oportunidades e o aprendizado. Quando conseguir sentir verdadeiramente essa gratidão, diga à pessoa em questão: "Eu fico com o que foi bom. Por isso, você tem um lugar na minha história. Daquilo que não foi bom, eu não preciso mais; sua parte fica com você. Meus antepassados já viveram aquilo. Eu fico com o aprendizado e, agora, sigo adiante". Uma lição aprendida não precisa ser repetida.

Há vinte anos me dedico a estudar as técnicas e os conhecimentos mais avançados para facilitar a mediação, a pacificação e a boa resolução de conflitos de todos os níveis de complexidade. Caso você tenha interesse em conhecer mais do assunto e se aprofundar no tema, convido você a visitar o site e as redes sociais que estão na abertura do capítulo.

As indicações que dei têm como base os estudos e as práticas das constelações familiares desenvolvidas por Bert Hellinger. Desde que o conheci e passei a acompanhá-lo pessoalmente, venho aplicando em meus relacionamentos e ajudando outras pessoas a fazê-lo, com resultados libertadores. O mais impactante, no entanto, foi quando, depois de me tornar juiz, em 2006, comecei a utilizar essa e outras abordagens semelhantes com adaptações específicas para cada tipo de conflito que chega até mim nas ações judiciais.

Os índices de conciliação nos processos aumentaram de maneira surpreendente. Em ações da Vara de Família (divórcios, guarda de filhos, pedidos de pensão alimentícia, denúncias por violência ou falta de pagamento de pensão), por exemplo, vi um aumento para mais de 91% nas conciliações, com soluções consensuais mais favoráveis a ambas as partes e, principalmente, aos filhos.

Por meio de reconhecimento e gratidão, é possível ressignificar a importância e o valor dos relacionamentos. Algumas pessoas me informam que desistiram do processo e reataram o casamento, que agora está muito melhor. Outras conseguiram uma solução amigável para processos que já duravam muitos anos. Recebi relatos emocionados contando que o melhor não era o término do processo, e sim a forma como o relacionamento entre as partes melhorou a ponto de, mesmo separadas, tornarem-se amigas e parceiras em um dos projetos de vida mais importantes: a educação dos filhos.

Não temos controle algum sobre o que aconteceu no passado. Este é imutável. Também não estão sob nosso controle as decisões e os comportamentos dos outros em relação à própria vida, a não ser o que fazemos por nós mesmos, como aprender a nos valorizar, nos defender e colocar limites no que toleramos. Por isso, quem quer mudança em um padrão de relacionamento deve tomar para si a responsabilidade, o que inclui reconhecer o valor de tudo o que aconteceu antes, pois o aprendizado vem com as experiências, que por isso têm grande valor.

Os exercícios internos que estou propondo são capazes de expandir o coração e aumentar a consciência sobre seu próprio valor, validando tudo o que você já viveu como um enorme potencial de compreender a natureza humana, desenvolver relacionamentos saudáveis e ajudar outros a fazer o mesmo. Sua experiência é única e proporciona a você um potencial que é só seu. Isso pode mudar sua vida e a de muitas pessoas.

Possivelmente, dirão: "Isso é ridículo! Como você pode querer agradecer a alguém que lhe fez tanto mal?". Com essa postura, tentarão jogá-lo de volta ao ciclo de rejeição e vitimização em que, provavelmente, elas se encontram. A maioria das pessoas ainda pensa assim, e é por isso que tantas continuam sofrendo nos relacionamentos ou com a falta deles. Só você sabe o quanto já sofreu e quer sair desse ciclo, seguindo agora em busca da felicidade e da realização que um bom relacionamento pode proporcionar. Então, experimente virar a chave, mudar o olhar e ver o horizonte se abrir para algo novo!

Lembre-se de que você é único. Não existe na face da Terra nenhuma outra pessoa igual a você, que tenha recebido exatamente a mesma herança da família – incluindo traumas, dificuldades e aquele lado da história que as pessoas não postam nas redes sociais, assim como vitórias, força e talentos desenvolvidos. Você é a única pessoa no mundo capaz de fazer algo de bom a partir de tudo isso e daí encontrar um potencial único e de imenso valor para si e para quem você se propuser a ajudar.

Experimente olhar ao redor: quantas pessoas passam a vida rejeitando a própria história, reclamando de tudo e, consequentemente, rejeitando a si e às próprias condições? Qual é a chance de pessoas assim vencerem na vida? Agora, olhe para os que agradecem a história da família e a própria história, encarando as dificuldades como oportunidades de crescimento e aprendizado. Certamente, são estas as que têm mais comprometimento com a vida, por valorizá-la, e que, mostrando capacidade única, buscam – e obtêm – sempre o melhor para si e para os que as rodeiam. Os resultados dessa postura falam por si! Comece já a praticá-la e você verá imediatamente o mundo mudando ao seu redor.

© Fernando Cardoso Motta

CAPÍTULO 7
A PROSPERIDADE
É PARA VOCÊ

WANESSA GUIMARÃES

 @wanessa_invest

@wanessainvest

wanessaguimaraes.com.br

Wanessa Guimarães é advogada, especialista em finanças, planejadora financeira Certified Financial Planner (CFP)®, empresária, palestrante e mentora em finanças pessoais com mais de vinte anos de experiência no mercado financeiro. Participou como coautora do best-seller *Eu disse sim, e agora?* (Gente, 2024).

Quando conheci a Paula, ela acreditava que a prosperidade era para poucos. Qual é sua opinião sobre isso? Você também acha que ser próspero combina apenas com um grupo seleto de pessoas? Ou acha que a prosperidade é algo amplo que pode ser conquistado? A Paula, que cresceu em uma família com crenças limitantes sobre dinheiro e acreditava que jamais poderia subir de patamar financeiro, acabou ficando anos e anos presa em um emprego que não a fazia feliz e sentia muito medo de falhar financeiramente. Fez uma dívida alta em determinado momento e vivia cada mês sem nenhum tipo de organização de gastos. Não tinha investimentos. Estava, a todo momento, evitando riscos. Tinha medo de olhar para as próprias despesas.

Com uma vontade imensa de mudar essa situação, decidiu participar de um workshop de educação financeira. Depois disso, algo se revelou dentro dela. Criou um orçamento detalhado com as despesas e os investimentos que tinha, identificou e eliminou o que não era mais necessário e estabeleceu metas de investimento. O workshop foi o primeiro passo, porque ela não parou aí. Investiu em cursos on-line sobre finanças pessoais e diversificação de investimentos, aumentando a própria confiança e o controle financeiro.

Simultaneamente, trabalhou na reprogramação de crenças limitantes, ou seja, tudo aquilo que ela havia aprendido desde pequena e que representava travas em relação a crescimento financeiro. Em um dos cursos, conheceu o poder das afirmações positivas e da visualização diária e começou a usar isso ao próprio favor. Todos os dias, olhava-se no espelho e falava: "Eu mereço ser próspera". Então, fechava os olhos e imaginava uma vida financeiramente segura.

Depois de seis meses, algumas mudanças importantes já haviam acontecido. Paula conseguiu montar um fundo de emergência e quitar a dívida. Esse novo mindset, combinado a atitudes estratégicas, fez que a confiança dela aumentasse e a permitisse buscar novas oportunidades para a carreira. O resultado foi uma troca de emprego e uma promoção significativa.

Hoje, Paula continua aplicando os princípios que aprendeu a partir de educação financeira e reprogramação mental, e isso mudou absolutamente tudo o que ela tem conquistado. Dentro do nicho em que atua, acabou se transformando em fonte de inspiração para que colegas e familiares busquem esse tipo de conhecimento também.

Então, perceba: a prosperidade e o sucesso financeiro existem e estão disponíveis para todos. Basta saber exatamente por onde começar. E é sobre isso que conversaremos neste capítulo.

A partir de minha experiência, percebo que há duas questões muito importantes que costumam impedir o sucesso financeiro e a prosperidade: o peso do padrão de vida e o estresse financeiro crônico.

1. PESO DO PADRÃO DE VIDA

Muitas pessoas são atraídas por um estilo de vida glamouroso, influenciadas pela pressão social e pelo desejo de aparentar sucesso. No entanto, viver além das possibilidades financeiras é algo que pode ter consequências devastadoras. Viver em um patamar acima do que deveríamos pode gerar endividamento crônico, ou seja, despesas que superam consistentemente a renda recebida, forçando o uso de limites, empréstimos e outras formas de crédito para manter o padrão de vida.

Conheci o Pedro, um jovem profissional que sempre sonhou com uma vida de luxo. Alugava um apartamento caro, dirigia um carro importado e frequentava restaurantes sofisticados. No entanto, a renda dele não acompanhava esse estilo de vida. Para manter as aparências, ele acabou recorrendo a cartões de crédito e empréstimos, o que gerou um acúmulo absurdo de dívidas. Foi um processo bem importante fazê-lo sair dessa situação.

E muitos vivem da mesma maneira. Motivados pelo desejo de aceitação social e pela ilusão de que um estilo de vida mais elevado trará felicidade, muitas pessoas acabam entrando nessa bola de neve em que gastam mais do que ganham. Assim, muitas vezes, chegam ao fundo do poço. A realidade é: viver além das possibilidades financeiras resulta em um fardo pesado, com consequências graves, podendo até mesmo gerar deterioração da saúde mental e, em casos extremos, falência financeira.

2. ESTRESSE FINANCEIRO CRÔNICO

O estresse financeiro crônico é aquela sensação constante de que o dinheiro não é suficiente por falta de organização e de controle do que é gasto. Aqui impera a preocupação com o dinheiro e a insegurança sobre o futuro financeiro. Essa falta de controle das finanças, quando somada à incapacidade de lidar com imprevistos, cria um ambiente de tensão e ansiedade, afetando a saúde mental e emocional.

Ana, uma talentosa profissional que conheci há alguns anos, passou por isso. Vivia constantemente preocupada com as finanças, não tinha uma reserva de emergência e estava sempre à beira do endividamento. Qualquer despesa inesperada, como um reparo no carro ou uma conta médica, causava enorme tensão. Foi um estresse constante que impactou negativamente a produtividade no trabalho e as relações pessoais por muito tempo, criando um círculo vicioso de preocupação e incapacidade de avançar financeiramente. Depois que ela conseguiu se organizar, tudo mudou.

Esse estresse financeiro crônico e o peso de viver além das possibilidades financeiras afetam profundamente a vida das pessoas, comprometendo todas as áreas da vida, desde a saúde mental até a saúde física e emocional, chegando a desencadear hipertensão e outras doenças relacionadas ao estresse. No fim das contas, não ter uma reserva para emergências aumenta a vulnerabilidade financeira, e quanto mais essa situação persiste, mais difícil é revertê-la. Em outra instância, vale comentar que essa preocupação constante com o dinheiro gera ansiedade e insônia, e o resultado muitas vezes pode interferir na produtividade do trabalho e na dinâmica das relações pessoais e conjugais. Não é incomum casais se separarem por problemas de organização financeira.

Outros sentimentos comuns são frustração e impotência. Muitas pessoas se sentem presas, acreditando que não há saída ou que o sucesso financeiro é inalcançável. João, um de meus clientes, trabalha arduamente em um emprego estável, mas sente uma constante frustração ao ver que, apesar de todos os esforços, mal consegue economizar para o futuro. Ele se compara frequentemente aos colegas que parecem estar prosperando e se sente impotente para mudar essa situação. Essa frustração mina a autoestima e a motivação dele, levando a um ciclo de conformismo e resignação.

Mas por qual motivo isso é tão presente na vida das pessoas? A partir de minha experiência, sei que há dois fatores fundamentais:

a) **O condicionamento mental negativo que foi forjado com base em crenças limitantes**. O resultado de quem somos está diretamente relacionado ao que ouvimos durante a infância, e isso influencia muito a relação com o dinheiro. Se ouvimos repetidamente que dinheiro é ruim e sujo, que é a raiz de todos os males e que a riqueza é para poucos, nossa mente será condicionada de modo negativo em relação à área financeira, e isso limitará a capacidade de buscar e alcançar a prosperidade.

b) **A falta de educação financeira e a má gestão de recursos próprios**. Não aprendemos a organizar nosso dinheiro. Não aprendemos a importância de ter uma reserva de emergência, tampouco aprendemos a poupar e investir. Os conceitos básicos de finanças pessoais estão presentes em poucas famílias, e muita gente não sabe como fazer um orçamento básico, como organizar uma poupança e fazer investimentos que auxiliarão na construção da prosperidade.

Mas não se preocupe, pois tenho certeza de que algo transformador acontece quando você adquire conhecimento financeiro e reprograma suas crenças. Ao fazer isso, sua mente e suas ações passam a estar alinhadas, prontas para construir uma jornada de prosperidade e sucesso. Adotar essa abordagem mais responsável e que busca informações de qualidade é crucial para transformar sua realidade financeira.

É preciso ter mais conhecimentos financeiros para se empoderar e tomar melhores decisões. É preciso compreender conceitos como orçamento, investimentos e planejamentos de curto, médio e longo prazo para conseguir gerenciar seus recursos de maneira eficaz, evitando dívidas e construindo riqueza. Por fim, reprogramar suas crenças limitantes é igualmente vital. Muitas "certezas" negativas sobre dinheiro estão enraizadas desde a infância e impedem o crescimento financeiro. Então é preciso trabalhar para identificar e substituir essas frases ruins que estão em sua mente por afirmações positivas, crenças de abundância que podem liberar seu potencial para alcançar a prosperidade.

Meu objetivo, portanto, é fazer você passar por uma transformação significativa. Que você deixe de ver o dinheiro como uma fonte de estresse e passe a vê-lo como uma ferramenta para alcançar sonhos e objetivos. E fazer esses movimentos mudará tudo ao seu redor, assim como aconteceu com a Paula. Como resultado dos quatro passos a seguir, você terá uma vida mais equilibrada, plena e próspera.

PASSO 1: EDUCAÇÃO FINANCEIRA CONSISTENTE

É preciso investir em educação financeira contínua para que essa jornada faça sentido. Por isso, dedique tempo a cursos, workshops e leituras sobre finanças pessoais. Entender conceitos como taxa de juros, inflação, tipos de investimento e diversificação é fundamental. Quanto mais conhecimento você tiver, mais segurança terá para tomar as melhores e mais assertivas decisões financeiras.

Comentei como essa atitude mudou a vida da Paula, mas a realidade é que fazer isso mudou a vida de muitas outras pessoas também, assim como a do Pedro, que participou de um curso on-line sobre investimentos e conseguiu diversificar as aplicações que fazia. Em poucos anos, ele aumentou significativamente o próprio patrimônio e alcançou a tão sonhada liberdade financeira, que antes parecia inatingível.

PASSO 2: ORÇAMENTO PESSOAL

É preciso controlar o orçamento pessoal. Mas como? Quero que comece compreendendo todos os aspectos desse planejamento. Para isso, faça um levantamento detalhado de todas as receitas e despesas mensais, ou seja, o que entra e o que sai. Use ferramentas como planilhas ou aplicativos de controle financeiro para monitorar esses gastos de maneira organizada. Para começar, utilize as linhas a seguir e faça anotações básicas. Tire essas informações do mundo das ideias e torne-as reais.

Exemplo prático: Maria, uma cliente minha, ao listar todas as despesas que tinha, percebeu que estava gastando excessivamente com compras por impulso. Ao colocar em uma planilha em qual categoria entrava cada um dos gastos, ela viu que existia um rombo financeiro bem grande com aquelas "comprinhas" que fazia. Depois, com essa visão mais clara e detalhada, ela pôde definir um orçamento realista, cortando despesas desnecessárias e redirecionando recursos para uma poupança de emergência.

PASSO 3: REPROGRAMAÇÃO DE CRENÇAS LIMITANTES

As crenças limitantes podem estar impedindo você de construir a prosperidade que tanto almeja. Por esse motivo, é preciso reprogramá-las. Então, identifique pensamentos negativos que tem sobre dinheiro e se pergunte de onde eles vieram e se realmente são verdadeiros. Anote pelo menos dez deles e trabalhe dez minutos por dia, por sete dias, para substituí-los por crenças positivas e capacitadoras.

Exemplo prático: uma aluna minha, Ana, acreditava que o dinheiro era a raiz de todo mal. Quando ensinei sobre crenças, ela começou a reavaliar se isso fazia sentido. É claro que percebeu que não fazia. O dinheiro, quando corretamente utilizado, pode ser uma força para o bem, permitindo que as pessoas ajudem a própria família e contribuam para causas sociais, por exemplo. O dinheiro movimenta o mundo, basta decidir como ele será empregado. Assim, esse novo entendimento motivou a busca de Ana por formas mais eficazes de gerir e investir o próprio capital.

PASSO 4: AFIRMAÇÕES POSITIVAS E VISUALIZAÇÃO

Por fim, quero que você implemente a prática de afirmações positivas e visualização. Diariamente, repita frases que reforcem sua nova mentalidade, como "Eu sou capaz de alcançar a prosperidade", ou então "Eu mereço o sucesso financeiro em minha vida". Enquanto repete as frases para si mesmo, visualize-se alcançando seus objetivos financeiros e vivendo uma vida de abundância e satisfação. Anote as frases que gostaria de usar e as repita todas as manhãs, durante dez dias.

Essas práticas, quando aplicadas com constância e dedicação, têm um poder imenso de mudança. Portanto, se posso deixar apenas um conselho para você, que seja este: **pequenas mudanças diárias causam um grande impacto**. Invista em educação financeira e trabalhe para mudar suas crenças sobre o dinheiro. Consistência é a chave para o sucesso. Se pensar em desistir, lembre-se de que grandes transformações começam com pequenos passos. Imagine a satisfação de ver suas finanças em ordem e as oportunidades de ganhos aumentando.

A Paula representa muito bem o poder dessas pequenas mudanças. Ela decidiu dar um pequeno primeiro passo e tudo se alterou. Não foi dominada pelo medo, utilizou a coragem. Isto é fundamental: não deixe que o medo e as crenças limitantes impeçam você de alcançar seus sonhos. Acredite no processo e, principalmente, em si mesmo. Visualize a liberdade de não se preocupar com dívidas, de poder investir em seus sonhos e de alcançar a estabilidade financeira. Seu futuro próspero começa com a decisão de agir agora.

Vejo que você está à beira de uma transformação incrível. Ao decidir investir em educação financeira e reprogramar suas crenças limitantes, está plantando as sementes de uma vida de prosperidade e sucesso. Haverá desafios, mas cada esforço valerá a pena. Imagine a liberdade e a segurança de saber que você está no controle de seu destino.

Esse é o poder das ações diárias e da força da determinação. O caminho pode ser longo, mas cada pequeno passo o aproxima de uma vida mais plena e próspera. Você tem a chance de criar resultados que falam por si próprios. Então continue, não desista e lembre-se: o futuro próspero que você deseja está ao seu alcance. A jornada começa agora.

© Felipe Reale

CAPÍTULO 8
NA VIDA, TUDO PASSA

DR. LUIZ FERNANDO GARCIA

@nandogarciapsi

Luiz Fernando Garcia é administrador de empresas, psicanalista, psicólogo, neurocientista e o único Notório Saber em empreendedorismo na América Latina. É conhecido como um dos maiores psicoterapeutas de donos de negócio, CEOs, presidentes e vice-presidentes de empresas. Aos 55 anos, acumula mais de 50 mil horas tratando mentes bem-sucedidas.

É bem comum que as pessoas cheguem a um momento da vida em que parece que nada está dando certo, principalmente em três áreas fundamentais:

- relacionamentos;
- nível de prosperidade;
- carreira ou negócios.

Relações afetivas passam a ser menos intensas, profundas e satisfatórias. No nível de prosperidade, tudo fica estagnado e parece que nada sai do lugar. Os recursos que estão entrando não conseguem mais suprir a realidade financeira desejada. E, por fim, no trabalho e nos negócios parece que o reconhecimento nunca chega e o indivíduo jamais se sente realizado com o que faz. Em resumo, parece que tudo está dando errado e caminhando em direção ao penhasco, sem uma perspectiva factível.

Nesse momento, temos o que chamo de *hora da renovação*, quando chega o momento de repensar relacionamentos e a dinâmica de funcionamento da vida a partir das relações interpessoais com familiares, amigos, cônjuge ou parceiro. Essa renovação será como uma nova página, uma reinvenção pessoal e profissional, que poderá acontecer para quem está em um relacionamento estável ou não, ou até mesmo para quem trabalha em uma empresa ou é dono de um negócio. O resultado da renovação, por outro lado, é se sentir mais sereno e realizado diante das próprias escolhas. E quem não quer isso?

Certa vez, tratei um paciente cujo pai tinha sido caminhoneiro a vida inteira. Com medo de que o filho seguisse os mesmos passos, proibia-o de entrar na cabine do caminhão e não deixava que ele andasse no veículo. Com uma profissão tão corrida e difícil de viagens constantes, esse pai arrumava as malas e saía de casa aos domingos, no fim da tarde, e só voltava no sábado seguinte, depois do horário do almoço. Era uma ausência muito grande, que fez essa criança se desenvolver buscando, a todo momento, seguir o modelo de um pai que não estava ali para oferecer atenção e carinho. No futuro, o filho, meu paciente, acabou se transformando no dono de uma grande transportadora que era vista como modelo no segmento, tendo mais de quarenta caminhões na frota.

Esse homem prosperou e ganhou muito dinheiro por muito tempo, mas, de repente, começou a ter complicações financeiras nas trocas de caminhões antigos por novos. Sentia que havia perdido completamente o "tesão" pelo negócio e tinha dúvidas sobre ainda querer trabalhar na área. Ao mesmo tempo, o relacionamento com a esposa e com os filhos começou a ter problemas. A saúde mental também estava comprometida. Explodia por pouca coisa, estava bravo o tempo todo e vivia em eterno desgaste com as pessoas ao redor. Quando analisava a situação, pensava que gostaria de refazer tudo o que tinha. Queria mudar desde a área em que trabalhava até o que o cercava, mas não tinha ideia de por onde começar, porque sabia que era difícil.

Relacionamentos, nível de prosperidade e carreira. Em geral, essas são as áreas mais afetadas quando chegamos ao ponto de não retorno, em que é necessário passarmos para a etapa de renovação. É bem comum que nesse estágio o faturamento caia, a capacidade de se reinventar gere dúvidas, a rentabilidade esteja baixa, as novas atuações não tragam mais retorno financeiro adequado e os sentimentos em relação a novos trabalhos sejam mais ruins do que bons. A pessoa começa a sentir ansiedade, dormir mal, explodir por pouco e ter baixa tolerância nos relacionamentos. Passa a abandonar a saúde física, buscar fugas fora da família e até mesmo bebe mais, em alguns casos. A empresa é deixada de lado e, muitas vezes, essa pessoa começa a se ocupar com atividades que não trazem bons retornos ou prosperidade. Tem dificuldade de se sentir feliz e realizada. A predominância das sensações positivas parece um futuro distante, longínquo, que não é mais possível. A desesperança bate à porta, a ansiedade se transforma em uma companheira antiga e conhecida. O tempo com a família parece ser sempre insuficiente, todos estão insatisfeitos com tudo. Nesse momento, parece que se vive em uma confusão. Falta visão clara do que deve ser feito.

Por que tudo está tão ruim? Quando foi que tudo desandou tanto e chegou a esse ponto crítico?

O que muitas pessoas não percebem é que o descontentamento não chega do dia para a noite. É algo que vai se instalando aos poucos, assim como alguém que você não convidou para morar em sua casa, mas que insiste em trazer algumas peças de roupa a cada nova semana e deixar ali. De repente, uma escova de dentes aparece, uma gaveta está tomada e, quando você menos percebe, existe "alguém" morando com você. A lógica é a mesma aqui.

A sensação de descontentamento começa a aparecer, mas o indivíduo insiste em manter o mesmo roteiro de vida, e a infelicidade cresce lentamente, como um mofo em cima de um queijo. Se o pedaço estragado fosse cortado rapidamente, o fungo não se espalharia pelas outras partes. Mas ele é deixado ali. Com outras estratégias e iniciando uma mudança, se permitindo experimentar coisas novas e traçando um plano diferente, é possível impedir que essa crise se instaure. Mas insistiu-se em um padrão persistente, que já não dava mais certo, cuja existência muitas vezes negamos.

E não é culpa da pessoa, até porque esse foi o modo de operar que ela aprendeu por meio do que foi experienciado e vivido em seu sistema de desenvolvimento. Persistir no erro era o único jeito como a pessoa sabia viver. Não aprendeu a se reinventar, desenvolver novas habilidades em cima das já existentes ou identificar novas e diferentes oportunidades que poderiam ser exploradas lentamente a partir de um plano de ação ou mesmo de pequenas atitudes. Aqui, a melhor solução teria sido estabelecer um plano composto de três etapas, com metas de curto, médio e longo prazos, no qual as ações de curto prazo seriam atreladas a realizações de médio e longo prazos, como se engatassem a marcha ré em um carro. Você olha para o futuro e faz no presente.

É aqui que a vida chama para um novo formato, mas é possível que ainda não exista clareza sobre por onde começar. E, por minha experiência, com mais de 3 mil pacientes atendidos em modalidades terapêuticas, esse ciclo pode acontecer em intervalos de sete anos, também chamados de crise dos septênios. A cada sete anos, mais ou menos, essa sensação se agrava e chega o maior aviso: **"O que trouxe você até aqui não o levará mais ao lugar que você gostaria de chegar"**. É o momento decisivo da mudança. No fim das contas, precisamos entender que há tempo, e não precisamos deixar o queijo inteiro apodrecer antes de tomarmos uma atitude.

Assim como já aconteceu em outros momentos difíceis da vida que chegaram e passaram, um novo percurso vai se revelar, um caminho com novos aprendizados em que serão utilizados os aprendizados já construídos em sua história. Portanto, tenha calma. Seja lá o que esteja acontecendo, isso também vai passar. Para ajudá-lo nessa construção de uma nova trajetória, apresento quatro passos.

1º PASSO

Escolha áreas de sua vida e divida em três tópicos: **o que você pode mudar**, **o que deve mudar** e **o que quer mudar**.

Por exemplo, vamos imaginar que estamos falando de relacionamentos. Dentro dessa área, você pode anotar que pode mudar a maneira como lida com seu parceiro. Depois, pode anotar que, para isso, o que deve mudar é seu nível de paciência e compreensão. Por fim, pode anotar que quer mudar a qualidade do relacionamento para que vocês voltem a ser mais apaixonados um pelo outro. Atenção: procure especificar comportamentos. Troque "fazer mais coisas" por "ter dois dias livres por mês só com ele ou com ela", por exemplo.

O QUE POSSO MUDAR	O QUE DEVO MUDAR	O QUE QUERO MUDAR

O objetivo aqui é investigar possibilidades, eliminar o que não é possível ser feito e inserir novas possibilidades a partir da matriz que você montará no próximo passo. Trabalhe sempre com pequenas ações prioritárias, que possam ser realizadas em período quinzenal ou mensal, transformando o caminho como se estivesse plantando uma semente e semeando o crescimento em um novo terreno da vida. Não tenha pressa, pois a mudança é um processo, e não uma "chave".

É possível que algumas dúvidas e incertezas apareçam. Antes de mais nada, comece a fazer algo diferente, pois é isso que revelará os principais caminhos possíveis. Então, comece hoje mesmo a organizar essas ações, das mais simples às mais complexas, direcionando o que você tem feito para novos objetivos e conquistas, trocando ações paulatina e persistentemente.

2º PASSO

Pegue as informações que colocou no passo anterior e monte uma matriz a partir de um *brainstorming* com as opiniões de três pessoas de sua confiança que o apoiam e não o criticam. Você deverá ouvir essas opiniões sobre as áreas da vida que escolheu e montar um grande checklist de coisas que possam ser feitas, dividindo-as em três estágios: **metas com prazo de dois anos**, **metas com prazo de um ano** e **metas com prazo de seis meses**.

METAS COM PRAZO DE DOIS ANOS	METAS COM PRAZO DE UM ANO	METAS COM PRAZO DE SEIS MESES

3º PASSO

Agora escreva pelo menos três frases que comecem com um verbo de ação no infinitivo – desde que seja possível visualizar o que precisa ser feito – relacionado a uma ou mais escolhas binárias, que englobe dois números com, no máximo, uma variância de 25% para parâmetros de medida e outra variância binária para parâmetro de tempo.

Por exemplo: "Terminar a construção do galpão de 1.400 a 1.700 metros quadrados, gastando de 28 mil a 30 mil reais, de 10 de agosto de 2024 a 25 de outubro de 2024".

4º PASSO

Por fim, recomendo a leitura de meus livros lançados pela Editora Gente: *O cérebro de alta performance* (2013), *Pessoas de resultados* (2003) e *Negócios à prova do amanhã* (2023).

Nos três existem quadros de visão orientada para resultados em que se pode escrever técnicas de ação com verbos no infinitivo cujo objetivo é sempre criar visões estratégicas de conquista. Essa é uma abordagem da neurociência que acontece porque o córtex pré-frontal só constrói estratégias quando entende o porquê do que está escrito com números binários e com verbos de ação no infinitivo de natureza fechada que possam ser transformados em perguntas, como "Comprar?" e "Sair?", e possam ser conjugados no passado: "Comprou?", "Saiu?". Aplico esse método em todos os grupos dirigidos para empresários, desde CEOs até presidentes, diretores e muitos outros cargos. Faço isso há mais de 25 anos, tendo atendido a mais de 2.600 empresários dos mais variados tamanhos e segmentos.

Em um primeiro momento, percebo que esses empresários têm um desconforto na vida pessoal, nos negócios ou na profissão. A saúde mental geralmente está abalada e a saúde física pode ter sido deixada de lado. Essas pessoas, sem exceções, querem mudar. E radicalmente. Aos poucos, vou mostrando que não funciona dessa maneira. Mostro que o caminho para a mudança acontece a partir de passos menores e alinhados com o que se quer.

A partir disso, peço sempre que montem a matriz do que podem fazer, o que devem fazer e o que querem fazer, e as ideias das três colunas são traduzidas em pequenas ações que transformam o processo de cada um. É uma construção de uma nova visão de vida, chamada de visão arquetípica. Com tudo isso definido, é possível enxergar o que a pessoa quer para os próximos cinco anos, com experimentação e relaxamento. Ela estará definindo os próprios quadros de visão de futuro e concatenando sobre a mudança que deseja.

Assim aconteceu com a empresa Mania de Churrasco. Quando o dono do negócio chegou até mim, não queria mais trabalhar com lojas de saladas, queria ter uma hamburgueria. Ao fazer o exercício, ele projetou uma casa de hamburgueres, e as ações foram aos poucos desmembrando essa mudança para abrir unidades e franquias. No início, era uma vontade turva, incerta. Depois, ele estava com uma visão estruturada para a linha de chegada e para onde gostaria de estar. Hoje, o Mania de Churrasco tem 103 operações, sendo que 21 unidades são próprias e o restante é composto de franquias.

Esse é o poder do que estou propondo para você. Muitas vezes não nos damos conta de que, se não fizermos nada de diferente, tudo vai continuar como está ou piorar, porque as coisas só se revertem à medida que mudamos o caminho trilhado. Então, minha orientação para você é: comece já, de modo simples e a partir de uma visão de longo prazo. Não abra mão disso! Porque, se não agir, sua vida não terá mais a magia que sempre teve e ninguém poderá recuperar isso por você.

Para fecharmos, conto uma história. Em um antigo reino, existia um rei que era um grande homem. Pressentindo que seria traído, chamou os súditos e, como era supersticioso, pediu que um deles escrevesse, em um grande anel que usava, uma frase que pudesse motivá-lo. Nenhum dos súditos conseguiu fazer isso, então o rei se lembrou de um amigo que desistiu de um noivado e se transformou em um educador andante que mostrava às pessoas que elas poderiam ser melhores. O amigo foi localizado, e o rei fez o mesmo pedido a ele. O amigo, prontamente, respondeu: "Já sei o que devo escrever, mas vossa majestade terá que me prometer que só lerá a frase em uma situação de verdadeiro risco ou quando eu solicitar que seja lida". Visto que não havia recebido outra proposta, o rei aceitou as condições.

Levou o anel para que o amigo forjasse a frase e, no dia seguinte, o recebeu de volta. O amigo foi até lá, colocou a joia no dedo do rei e quis ter certeza de que o rei havia entendido as regras daquela negociação. Disse: "Lembre-se, vossa majestade só poderá ler o que está escrito no anel em um momento muito difícil ou quando eu mesmo fizer o pedido". O rei confirmou que havia entendido e seguiu a própria jornada.

Aproximadamente trinta dias depois, ainda pressentindo que seria traído, estava em uma fuga com os dois principais capatazes quando se lembrou do anel e que poderia utilizá-lo em uma situação de grande risco. Estava quase à beira de um grande penhasco e precisaria tomar uma decisão em questão de segundos. Não sabia mais o que fazer, então decidiu ler o que estava escrito no anel. Com cuidado, retirou a joia do dedo e o que encontrou ali foi: "Isso também vai passar". Em uma onda de esperança pelo que havia lido, teve o insight de jogar o cavalo do penhasco e ficar pendurado nas pedras, para que ninguém o visse. Quando a cavalaria oponente chegou e olhou a paisagem, teve certeza de que o rei estava morto, pois não o viu ali. Foi isso o que o salvou.

Depois que a situação de perigo havia passado, o rei voltou sorrateiro e incógnito ao castelo, juntou os conselheiros de maior confiança e se reestabeleceu. Trocou a equipe por pessoas nas quais confiava e tomou o reinado de volta, em um frenesi em que todo o reino o elogiava e comemorava o retorno. Ali, diante de algo tão bom, ele se recordou do amigo e mandou chamá-lo.

Na presença dele, comentou: "Gostaria de agradecer a você antes de voltar às comemorações e à glória da retomada do reino. Foi graças ao que você colocou dentro do anel que tive forças para escapar". O amigo respondeu: "Você se lembra de quais foram os dois pedidos?". O rei prontamente comentou: "Sim, me lembro. Apenas ler em uma situação difícil, que foi o que eu fiz, e ler apenas quando você me pedisse para fazer tal coisa". Ao passo que o amigo respondeu: "Então, vossa majestade deve retirar o anel e ler agora em voz alta para mim". O rei retirou o anel e leu: "Isso também vai passar". E o amigo completou: "Na dificuldade e na glória, isso também vai passar".

Assim é a vida: a maneira como ela segue depende dos significados que damos para cada etapa pela qual passamos. Lembre-se sempre de que as etapas vão passar. Não existe maior lição e aprendizado do que esse.

© Studio CH Fotografia

© Andres Costa Pinto

© Júlia Nandolpho

CAPÍTULO 9
O PROTAGONISMO É TODO SEU

BRENDA LINDQUIST
@brendalindquist

Brenda Lindquist é bacharel em Direito e advoga a beleza feminina, tendo a maquiagem como poderoso recurso de comunicação. Palestrante e mentora internacional de consultoras de beleza, capacita profissionais em vendas online e potencialização de resultados. É especialista em visagismo, coloração pessoal e maquiadora profissional. Tem como missão revelar a melhor versão de cada mulher.

MAGALI AMORIM

@magaliamorim
Magali Amorim
magaliamorim.com.br

Magali Amorim é consultora, palestrante internacional, mestre em Gestão e Desenvolvimento da Educação Profissional e especialista em propaganda e marketing. Treinadora comportamental e motivacional, tem como missão despertar o potencial humano dos mentorados para uma vida autêntica. Autora nos best-sellers *Inquietos por natureza* e *Você brilha quando vive sua verdade* (Gente, 2023) e *Excelência no secretariado* (Literare Books, 2013).

ELISANGELA TOLEDO

@elisangelatoledobr
elisangelatoledo.coach
Elisangela Toledo
elisangelatoledo.com.br

Elisangela Toledo é palestrante internacional, administradora, hipnoterapeuta, master coach e treinadora. Formada em Desenvolvimento Humano pelo IBC, autora de *De lavradora a executiva* (Editora IBC, 2022), coautora em *Foco no positivo* e *Como ser extraordinário em todas as áreas da vida* (IBC, 2022); *Quais de mim você procura: mulheres palestrantes* (Dimensão, 2023), autora em *Seja um inconformado* (Luzes Editorial, 2024).

Existe algo que entendemos bem: tivemos nosso protagonismo roubado de nós mesmas. Sentir-se deslocada, ocupar um papel que não é o seu, viver uma vida que não é legitimamente a sua, ser uma marionete nas mãos do outro e, ainda por cima, perceber-se consciente disso tudo é nosso denominador comum.

Mas o que foi que aconteceu que nos marcou tanto?

Uma menina que, na primeira infância, teve a própria imagem distorcida como se fosse um menino, pelas roupas com que a mãe a vestia, sem a menor feminilidade, proibida de ter o cabelo comprido. Que chegou à puberdade sem nunca ter sido sequer paquerada em decorrência da aparência acentuadamente masculinizada, mas que, ainda assim, sonhava em ser bailarina. Tudo o que ela queria era parecer realmente uma menina.

Outra menina que, por vezes, se pegava fazendo do cabo da enxada um microfone, sonhando com uma vida improvável à realidade em que vivia. Tudo o que ela queria era estar na escola, estudando para ganhar o mundo.

E ainda uma adolescente que escolheu um curso profissionalizante a partir de um talento inegável, mas que foi abrupta e dolorosamente arrancada dele sem ao menos tê-lo iniciado. Tudo o que ela queria era usar o poder da maquiagem em diferentes mulheres, como via nas atrizes das novelas.

Elas queriam estar no palco da vida, atuando a legítima, autêntica e verdadeira vida, e não a que o outro estava impondo a elas. Ser protagonista da própria vida, sacudir a poeira da ilegitimidade, assumir a própria verdade, a própria autenticidade, lançando fora toda e qualquer improbabilidade, não se conformar com as rédeas que tentam nos lançar ao pescoço. Antes, porém, caminhar com autorresponsabilidade, verdade e integridade, assumindo um lugar de destaque. Essa é nossa proposta para você neste capítulo. Permita-nos segurar sua mão para lhe apresentar à pessoa mais maravilhosa desta vida: *você*.

A verdade é que, quando está distante de seu protagonismo, você leva uma vida que não é sua e atua como coadjuvante da própria história, a que o outro está impondo a você. E lhe causa imensos problemas. Se você não vive seu protagonismo, sua história, você desenvolve, entre outros problemas, uma gigantesca ansiedade.

É normal ficar ansioso por motivos corriqueiros, como uma viagem, uma data festiva, um encontro afetivo. A ansiedade passa a ser diagnosticada como uma patologia quando a intensidade ou o caráter repetitivo dela é desproporcional, levando a uma apreensão negativa em relação ao futuro, conforme relatam os teóricos Reyes e Fermann[1] e Fernandes.[2] Pode ainda estar atrelada a um sentimento de insegurança e desamparo, resultado de relações interpessoais disfuncionais.

Quando não se é protagonista da própria vida, além de uma exacerbada ansiedade, surge a tendência de se comparar com outras pessoas, perdendo a autoestima, fabricando internamente questionamentos sobre quem se é de fato, quem é o eu autêntico, sempre com a emoção à flor da pele. Além disso, a pessoa que não é autêntica não passa confiança ao outro, impactando a construção de relacionamentos genuínos e saudáveis.

Como consequência, a pessoa paralisa. Bate a incerteza. A autoestima e a autoconfiança baixam. A pessoa se sente incapaz, fica imobilizada e pensa: *Eu não consigo*. Nós sabemos bem o que é isso, pois já vimos esse filme antes!

Às vezes, é infeliz no trabalho porque não tem confiança o suficiente para se desenvolver profissionalmente, perdendo ótimas oportunidades, como assumir um novo cargo. Ou está em um relacionamento abusivo porque não acredita que merece ser feliz, não consegue se livrar da situação porque tem medo de ficar sozinha e acha que não vai encontrar outro parceiro. Ou não pode escolher o que gostaria de estudar ao terminar o Ensino Médio porque precisa se submeter ao que os pais decidiram. Pode ser ainda que tenha passado dos 50 anos e pense que não dá mais tempo. Mas é claro que dá. Enquanto se está respirando e se tem fôlego de vida, como diz a canção do Renato Russo, "Temos todo tempo do mundo!".

---

[1] REYES, A.N.; FERMANN, I.L. Eficácia da terapia cognitivo-comportamental no transtorno de ansiedade generalizada. **Revista Brasileira de Terapias Cognitivas**, v. 13, n. 1, p. 49-54, 2017.

[2] FERNANDES, L. L. Transtorno de ansiedade generalizada (TAG): uma breve análise. **Revista Farol**, v. 10, n. 10, p. 155-165, 2020.

Nós sabemos o que é ser roubado de si mesmo: é viver totalmente sem autenticidade. Alguns estudos na área da psicologia apontam duas dimensões que acontecem quando há falta de autenticidade.[3]

• A primeira é a autoalienação, quando os indivíduos estão "fora de contato" consigo mesmos. A falta de autenticidade leva à perda ou ao desaparecimento da autoestima, e a pessoa passa a se questionar sobre quem de fato é. Quando não estamos verdadeiramente conectados a nós mesmos, estamos apenas passando pela vida, em completa autoalienação. Um experimento realizado pela Dove nos Estados Unidos pedia que as mulheres descrevessem a si mesmas enquanto um artista forense as desenhava.[4] Na sequência, outras pessoas faziam a descrição das mesmas mulheres, e com base nessas falas o artista fazia um novo desenho. Foi incrível ver como os dois desenhos saíram diferentes! O autorretrato mostrava mulheres totalmente distorcidas do que de fato as participantes eram. Já o segundo desenho, a partir do ponto de vista do outro, mostrava quem de fato a pessoa era. Quando foram apresentadas aos retratos, as participantes ficavam muito surpresas e emocionadas, pois elas eram muito mais bonitas do que imaginavam. Entenderam que não se (re)conheciam como autenticamente eram.

• A segunda dimensão é a aceitação de influência externa, quando se fica preso a uma aprovação alheia ou quando as relações interpessoais influenciam os comportamentos pessoais. Como isso se dá? A influência externa vem de diferentes fontes, como redes sociais ou pessoas que ditam regras, influenciando e bombardeando palpites e interferências. Acabamos agindo dominados por isso, às vezes porque não queremos discutir e cedemos. Talvez agora você possa se lembrar de uma frase comum ouvida na infância: "Você não é os outros, você não é todo mundo!". Quando se

---

[3] WOOD, A. M. et. al. A personalidade autêntica: uma conceituação teórica e empírica e o desenvolvimento da escala de autenticidade. **Journal of Counseling Psychology**, 2008, v. 55, p. 385-399.

[4] DOVE Brasil. **Dove Retratos da Real Beleza**. Disponível em: https://www.youtube.com/watch?v=Il0nz0LHbcMVer. Acesso em: 18 ago. 2024.

quer ser igual a todo mundo, se deixa de viver a própria autenticidade. Ao se sentir emocionalmente afetado e incapaz de se expressar e se colocar no mundo de maneira real e verdadeira, você pode escolher percorrer um caminho novo e libertador.

Há ainda outro fator: a repetição de padrões familiares, que pode afetar o viver autêntico. Por exemplo, se a pessoa viveu em um ambiente em que era constantemente depreciada, pode adotar padrões de autossabotagem que dificultem o êxito nos negócios ou na carreira. Vive com medo de dar certo, de ter sucesso, sempre achando que não é boa o suficiente. Se foi criada em uma família disfuncional, em um ambiente agressivo, com ocorrência de abusos entre os cônjuges, pode se tornar um adulto que, inconscientemente, busca recriar tais padrões. Vê como tudo isso é ruim? Quando não se vive a própria verdade, a própria autenticidade, não se está vivendo quem verdadeiramente nasceu para ser.

Lembre-se disto: a solução é viver sua verdade e ser o protagonista de sua história. Ao assumir as rédeas da vida, você estará no comando e iniciará a jornada mais incrível que alguém pode percorrer, rumo a ser quem você nasceu para ser, verdadeira e autenticamente. Ao assumir o controle, você viverá uma vida plena e genuína. Essa é a chave para a liberdade!

Não precisamos usar máscaras e muito menos nos encaixar nos moldes de outras pessoas. E o mais rico é que não precisamos mentir sobre quem legitimamente somos. É o repertório de vida de cada um de nós, é nossa história, que nos torna seres únicos. Sua mente é única, e se conectar consigo é o melhor caminho para percorrer essa jornada exclusiva, a fim de alcançar resultados extraordinários! Entenda: esta jornada é sua, e não tem como ser terceirizada. O protagonismo é todo seu!

Por onde começar?

1. CONHEÇA A SI MESMO

Você se lembra do que o Gato de Cheshire respondeu à Alice, do País das Maravilhas, quanto à direção a seguir, quando nem ela sabia para onde ir?

Ele disse: "Para quem não sabe para onde vai, qualquer caminho serve!".[5] Então perguntamos a você: como assumir as rédeas ou manejar o leme da embarcação se ainda não sabe para onde ir? Como ser verdadeiro, legítimo e autêntico se ainda não se conhece e não se encontrou? Como ser o protagonista de sua vida sem saber o que deseja viver?

O primeiro passo é este: "Conhece-te a ti mesmo". Sem autoconhecimento, você está caminhando para lugar nenhum. Está apenas passando pela vida. Com autoconhecimento, você enxerga suas forças, percebe o que faz de melhor e o que ninguém faz igual. Você se torna consciente de habilidades e competências que sequer imaginava ter.

Precisa buscar aí dentro quem você de fato é. Para isso, pode ser que precise, sim, de ajuda externa nesse processo de se conhecer, seja lendo determinados livros, por meio de terapia ou participando de imersões.

2. SONHE

Ter sonhos é ter visão. O que você almeja pode ainda não estar com você, pode ainda não estar concretizado, mas você precisa enxergá-lo. Uma vez com essa clareza, é muito importante que você escreva. Quando escrevemos o que desejamos, nosso córtex pré-frontal é ativado, pois ele é o responsável por nos ajudar a organizar pensamentos e a traçar planos de ação. Além disso, nosso núcleo accumbens (uma estrutura do cérebro que registra o prazer e é responsável pela continuidade de um padrão) entra em ação ao traçarmos desejos, objetivos e metas que nos motivam, liberando dopamina, um neurotransmissor associado ao prazer e à motivação.[6]

Escrever o que você deseja potencializa alcançar o que você almeja! Um experimento conduzido por Gail Matthews, da Universidade Dominicana da Califórnia, demonstrou que 76% dos envolvidos que escreveram metas e as compartilharam com uma pessoa de confiança e com *follow-up* semanal

---

[5] CARROLL, L. **Alice no País das Maravilhas**. São Paulo: Darkside, 2019.

[6] PESSOA, L. Um modelo de rede do cérebro emocional. **Tendências nas Ciências Cognitivas**, v. 21, n. 5, p. 357-371, 2017.

alcançaram os alvos definidos.[7] Para que isso dê certo, o passo seguinte é importantíssimo.

3. CONCRETIZE

É preciso partir para a concretização. Você precisa agir! Faça o que precisa ser feito sem desprezar, no entanto, o que conquistou até então. Seja grato, mas não conformado. Seja um inconformado por ainda não ter alcançado quem você veio ao mundo para ser. Acredite em si mesmo. Você é capaz. Mas não fique inerte. Aja! Quando agimos, o Universo conspira a nosso favor.

Durante sua jornada, seja resiliente e flexível com você mesmo. Isto é, permita-se errar. Ao errar, você aprende que daquele jeito não funciona. Tente quantas vezes forem necessárias até alcançar seu alvo. E celebre. Celebre as mínimas conquistas. Ser protagonista é estar no palco da vida. Para esse espetáculo, você precisa de ensaio. Por isso, os erros podem acontecer para que, em sua estreia, tudo esteja conforme o *script* que você mesmo escreveu. Qual é o roteiro que você está escrevendo para sua história?

Foi assim que uma menina improvável da roça virou uma mulher inconformada e foi ganhar o mundo: "Estudei, investi e acreditei em mim mesma. Lancei fora todas as dúvidas que meu padrasto me imputava e me tornei treinadora com formação internacional, escritora, palestrante inspiracional e ainda hipnoterapeuta".

Foi assim que uma bacharel em Direito se tornou a advogada da beleza que cada pessoa legitimamente carrega dentro de si quando mostra que não tem que seguir padrões ditados pela sociedade: "Tive a coragem de largar tudo logo após formada, perseguir e empreender no que eu sabia ter total habilidade. Transformei vidas. Impedi, com meu trabalho, um suicídio. Prosperei exatamente no que ouvi pessoas dizerem que eu não seria 'ninguém'. Escrevi muitas vezes para mim mesma e agi sem me arrepender de nenhum passo que dei".

---

[7] MATTHEWS, G. O impacto do comprometimento, da responsabilidade e das metas escritas no cumprimento das mesmas. Apresentação magna em evento científico. **Faculdade de Psicologia da Universidade Dominicana da Califórnia**, 2007.

Foi assim que uma menina invisível se transformou em uma mulher forte, bem-sucedida profissional e emocionalmente, autora em 25 projetos editoriais e três best-sellers: "Ao deixar o cabelo crescer, aos 15 anos, incomodei 'amigas'. Passei a perceber a força que existia em mim, quase um Sansão. Escrevia meus alvos. Amava estudar, o que me preparou para ser reconhecida na vida profissional. Treinei pessoas dentro e fora do Brasil. Os livros vieram, e nunca mais parei. Aprendi a reconhecer minhas qualidades e nunca mais abri mão de mim mesma".

Às vezes, os fantasmas não passam de um lençol branco. Essa é a verdade. Por isso, queremos que você entenda quão importante é seguir o passo a passo, pois tudo na vida é um processo, e é justamente o processo que faz a magia acontecer. A importância da transformação não é em quem você vai se transformar, e sim quem você vai resgatar aí de dentro e trazer à tona com muito amor, carinho e respeito.

Viva o processo. Sem pressa, subindo um degrau de cada vez, sem pular etapas. O importante é não se conformar com seu hoje. Olhe para dentro, tenha clareza de seus objetivos, faça o que precisa ser feito. Reconheça cada conquista por menor que seja, pois isso aproxima você de sua realização. Quando tudo parecer difícil, persista, use o melhor que há dentro de você, viva sua essência, assuma o protagonismo e viva a transformação.

Desistir não é uma opção! A lagarta leva tempo até virar borboleta. Nós três estamos aqui de olho em você! Medo? Quem disse que nós não sentimos? Vamos repetir algo que talvez você já tenha escutado antes e que é amplamente difundido pela mídia: "Corajoso não é quem não sente medo, e sim quem age com medo mesmo".

Existem três palavras que não fazem mais parte de nosso vocabulário e que garantimos que, se você seguir os passos que apresentamos aqui, também não farão mais parte de sua vida: *improbabilidade*, *impossibilidade* e *inverdade*.

Queremos que você sinta, neste instante, três pares de mãos estendidas em sua direção. Venha com a gente. Nós acreditamos em você. Esperamos que, em breve, uma de nós três possa oferecer um abraço bem gostoso em celebração.

Muitos resultados ainda não foram alcançados por conta do conhecimento que você ainda não adquiriu acerca de quem é. Enquanto você não tomar a atitude de se conhecer e colocar em prática os passos que compartilhamos e que nos colocaram na posição de protagonistas, seus resultados ficarão gritando para acontecer. Quantas vezes você já ouviu: "Como ter resultados diferentes se está fazendo as mesmas coisas?". Como ser protagonista sem ser autorresponsável? Sua atitude o levará aonde deseja, e ninguém pode dizer que você é ou não capaz, pois somente você pode ser quem nasceu para ser. Então tenha coragem de agir para se encontrar com a pessoa mais importante que já conheceu e encontrou nesta vida: *você mesmo*.

Mude.

Persiga.

Transforme.

Escreva.

Prepare-se.

Aja.

Realize.

Não se arrependa.

Aceite-se.

Reconheça a si mesmo.

Viva e seja persistente.

© Gabriela Zari

CAPÍTULO 10
ÚNICO, DIFERENTE E ORIGINAL: FAÇA SEU TALENTO BRILHAR

DENISE MARQUES

@denise_marques_oficial

Denise Marques é consultora internacional de negócios, especialista em marketing e vendas, palestrante, mentora de líderes e treinadora de equipes comerciais em quatro continentes. Ocupou cargos executivos em corporações gigantes do setor de *medtech* (tecnologias médicas) e se tornou referência de excelência na alavancagem de novos negócios e na criação de programas inovadores na área comercial.

Atualmente, tem como missão desenvolver pessoas para que atinjam o sucesso pessoal e profissional por meio das vendas. É coautora dos livros *A arte de vender* (Preparando, 2023) e *Quais de mim você procura? Mulheres mentoras* (Dimensão/Agora é que são Elas, 2024).

Aqui vai uma verdade indiscutível: chegamos ao mundo para fazer brilhar a preciosidade de nossos talentos, assim como um diamante que se forma no coração da Terra. Somos seres únicos e temos talentos múltiplos e singulares. Contudo, muitos consideram singularidade como sinônimo de esquisitice, mas não deveria ser assim. Por que desvalorizar o que nos torna únicos?

Mesmo sabendo de tudo isso, não posso ignorar o fato de que percebo que sentimos grande dificuldade, em alguns momentos, para ser quem somos. É difícil aceitar nosso jeito único. Quando isso acontece, é comum decidirmos renunciar àquilo que nos faz únicos para nos adequar aos contornos conhecidos, ao "igual", àquilo que é esperado de nós. E, ainda que consigamos perceber – e sentir – esse desejo latente dentro de nós, algo que é justo e genuíno, podemos seguir por anos emoldurados pela necessidade de corresponder às expectativas alheias, sem querer ferir, incomodar ou despertar o julgamento e a desaprovação das outras pessoas. Isso soa familiar para você? Diante dessa sensação, é comum escolhermos o caminho mais fácil: recolhemos o brilho de nossos talentos e a liberdade de sonhar e os guardamos em uma caixa escura na qual está escrito "aceitação".

Talvez você tenha se sentido uma criança diferente das outras por ser mais extrovertida ou mais tímida, um aluno nota dez ou até mesmo o pior da classe. Talvez, por algum traço físico ou por alguma questão familiar, você se sentisse diferente dos demais da turma. Por outro lado, existem também algumas pessoas que se sentem tão comuns que acreditam que são desprovidas de qualquer talento excepcional, e a simples ideia de se destacar parece desnecessária ou impossível. Por vezes, sentem aquele frio na barriga ao pensar: *O que acontecerá se eu fizer sucesso?* É possível que a primeira resposta que lhe venha à mente seja a de solidão, de estar rodeado de pessoas interesseiras em vez de interessantes. O medo que fica é aquele de se transformar em alguém que não se reconhece mais, que é cheio de si, insuportável e materialista. Uma pessoa má, que afasta os bons e atrai olhares de inveja.

Se considerarmos o talento e o brilho únicos de cada pessoa, esse redimensionamento das características mais genuínas e essenciais é fundamental. O que ouvimos sobre "caber na caixa" causa um impacto capaz de alterar todos os desfechos futuros na trajetória da vida. Esconder ou minimizar a potência de sua rica essência é alterar a rota do próprio destino. É uma autossabotagem desleal, cujos desdobramentos seguirão em um efeito dominó.

No fim das contas, essa situação leva a consequências que são traduzidas em falas como: "Tenho um supertalento para o esporte, sou apaixonado por isso. Meu sonho é ser atleta profissional, mas é muito difícil, afinal, vou competir com milhares de pessoas. Entre meus familiares e amigos, ninguém conseguiu. Então, por que eu conseguiria?". Esse é apenas um exemplo, mas ilustra muito bem como o fato de ignorar nossos talentos acaba nos distanciando de quem podemos ser e do que podemos conquistar.

Além disso, dentro da caixa escura do anseio por aceitação, ficamos iguais uns aos outros, o que também tem acontecido com produtos e serviços. Cada vez mais rapidamente, o que nos é oferecido se torna muito parecido. O diferencial percebido entre concorrentes é mínimo, fazendo que o *valor* – e consequentemente o preço – seja *menor*.

Então, a partir dessa análise, vamos refletir juntos: como construir diferenciais se não for a partir de características tão únicas, de ideias e pontos de vista diferentes? Como construir uma vida individual ou uma sociedade que usa e valoriza integralmente o máximo potencial produtivo se não reconhecermos essas diferenças como pontos positivos, para uma diferenciação de alto valor e de inovação? Em meu ponto de vista, é impossível.

Essa falta de clareza gera um efeito cascata. Um pensamento sutilmente depreciativo – como querer ser igual à família ou aos amigos – gera uma justificativa para descredenciar e abafar um sonho ou talento. Ao longo de toda a vida, você vai bem, cresce, evolui, mas só até certo ponto, porque, a partir dele, novamente começa a sentir aquela insatisfação que, na verdade, estará sempre presente. Ao encontrar pessoas que vivem livremente o próprio potencial, que não se economizam nem escondem o brilho que têm, você sente admiração e ao mesmo tempo se questiona: *Por que eu não vivo esse brilho, por que não sinto essa liberdade?* Sentimentos de decepção, raiva, revolta, inveja e injustiça se misturam e se escondem atrás de uma máscara de superioridade ou da justificativa de que é você quem está escolhendo fazer como faz. O custo de abrir mão de sua verdade é muito alto, pois afeta sua vida no âmbito profissional ou pessoal, na maneira como se relaciona emocional e afetivamente. Em resumo, costumo falar que são dois lados da mesma moeda: no primeiro, temos aqueles que se sentem diferentes do padrão e não entendem o valor de serem como são; no segundo, temos os que sequer acreditam que podem se transformar em alguém muito especial a partir do que já são.

Pare por um momento nesta frase: o que pode ser tão vívido e prazeroso do que sair em bando, para qualquer lugar, e se divertir? Mesmo que isso custe adaptar seu gosto musical ou disfarçar seu time favorito, o que pode ser mais prazeroso do que ser visto e aceito? Quem é que não tem o desejo de ser incluído na turma, no ambiente de trabalho, pelos amigos e pela família? Essa busca por aceitação e identificação é comum. Todos nós a sentimos. Afinal, sentir-se diferente pode significar se sentir menor, ilegítimo e menos importante. É comum esse desejo de ser entendido pelas pessoas, de ser reconhecido nos círculos de convívio.

O forte desejo de se sentir pertinente, apropriado, pertencente ou amado faz valer a pena deixar que todo o restante seja secundário. Apenas o medo da rejeição e da solidão já seriam suficientes para evitar se destacar por suas características incomuns – até porque, em nossa sociedade, os incomuns sofrem. Imagine então afastar as pessoas que são de sua estima e que caminharam até aqui com você, como parentes e amigos.

O diagnóstico é que vivemos a síndrome da perfeição, a ditadura do biotipo e do estereótipo do sucesso. Na ânsia por aceitação, acabamos por apagar de nós mesmos a originalidade, tudo o que representa nossa assinatura no mundo. E essa originalidade, por sua vez, é seu *passaporte*. Nele não existe prazo de validade; com ele, você pode estar onde e como quiser.

Cada vez que nos deparamos com a evolução tecnológica, surgem formatos inovadores ou mesmo disruptivos que, por sinal, foram pensados e inventados por aqueles que têm a habilidade de usar a criatividade, a própria visão e a percepção para ler o mundo. Talvez você acredite que uma mágica desce sobre uma pessoa e a faz inventar algo genial, inovador e inusitado, que produzirá resultados exponenciais e diferenciados. Porém, pense em alguém de sucesso, que você admira e que tem como referência ou modelo. Não me refiro a alguém com fama repentina, que desaparece com a mesma velocidade com que surge, e sim a alguém perene e que você acompanha há bastante tempo. Se olharmos de perto, aposto que essa pessoa lapidou o diamante dos próprios talentos por muito tempo, consistentemente, em duras batalhas internas pessoais, com determinação e grande resiliência. Afinal, o grande oponente e concorrente a ser ultrapassado, em primeiríssima instância, é sempre a si mesmo.

Por isso, pensando em despertar sua originalidade e dar vazão a seus talentos únicos, quero propor alguns passos a partir de agora.

1. CRIANÇA MÁGICA

Reflita: em qual fase você foi mais original, genuíno, autêntico e viveu sem filtros sociais? Certamente, foi na infância. Por isso, a proposta aqui é resgatar sua criança mágica, aquela que tudo pode realizar. Convido você a se colocar em um lugar tranquilo e a fazer uma retrospectiva até sua infância, o mais longe que puder ir nas memórias. Reveja os brinquedos e as brincadeiras preferidas, o que lhe agradava ou não, algo que você fazia, pelo qual era repreendido ou aplaudido. Anote!

2. ADOLESCÊNCIA DE DESCOBERTAS

Depois, siga caminhando mentalmente pela pré-adolescência, pela adolescência e pela transição à vida adulta. Anote, em cada uma das fases, até sua vida atual, quais eram seus interesses; os acontecimentos e os momentos em que se viu mais feliz, leve e em plenitude; assim como as frases que você escutou de seus pais e que ficaram na memória. Faça uma análise daquilo que foi mudando, o que você deixou de fazer, e tente lembrar por que abandonou aquilo.

3. O ELO PERDIDO

Ao final do exercício, responda: do que você sente falta ainda hoje? Recupere o elo com sua criança, pois ela tem o poder de acreditar no sonho, nos projetos, naquilo que você almeja alcançar. Realizar coisas incríveis e alcançar resultados extraordinários passa por acreditar em seu poder pessoal e sustentá-lo por meio do desenvolvimento contínuo de novas competências, por meio da constância em alimentar um olhar de curiosidade sobre a realidade, por meio de sua capacidade criativa e analítica.

4. HORA DE EXPERIMENTAR

Por vezes, estamos tão engessados pela mesmice que temos dificuldade em acessar nossa criatividade. Para quebrar esse endurecimento, nada melhor do que *variedade* e *diversidade*. Permita-se experimentar sabores novos, fazer trajetos diferentes dos que faz habitualmente, variar as cores com as quais se veste, conversar com pessoas que talvez nunca abordaria. Exponha-se à arte em todas as formas, à música em todos os estilos. E, então, mexa-se.

A pessoa que vai viver uma vida valiosa, produzir resultados que falam por si, é alguém que resolveu realizar mudanças, a começar por si mesma. Ainda que em sua mente você tenha tomado a decisão da transformação, saiba que seu corpo guarda memórias que podem levá-lo diretamente de volta ao passado. Cante, dance, sapateie e movimente seu corpo de uma nova maneira, cujos efeitos você ainda desconhece. Em resumo, veja-se com lentes diferentes. Tenha paciência consigo, com seu ritmo, e ouse!

Imagine uma criança que vive agarrada às pernas da mãe, que se esconde atrás dela, não encarando as outras pessoas. Qual futuro você diria que essa criança teria, qual seria a profissão dela? Essa era eu. Apesar de ter uma família de comerciantes, jamais pensei em vender uma única agulha. Fui uma criança criativa e, portanto, artista e "arteira". O falecimento precoce de meu pai, quando eu tinha 7 anos, colocou sobre mim o manto da introversão, o peso da responsabilidade e da resiliência. Por isso, por muitos anos, me escondi.

O boletim era nota 10 em todas as matérias. Porém, o excesso de autocobrança por me sentir diferente das demais pela falta do pai fez que meu modo de ser refletisse a seriedade de um adulto temporão. Ainda que eu continuasse a pintar, aquela criatividade vivia sufocada dentro das roupas beges e marrons. Poderia até estar usando outras cores, mas sempre me sentia bem de bege e marrom. E foi assim por décadas, até que chegou o momento em que eu queria novos resultados, um novo rumo profissional, que deveria passar pela área de vendas.

O primeiro movimento foi o ponto de ignição: a insatisfação. Senti que minhas pernas se tornaram mais longas do que o mar que eu tinha para atravessar. Uma decisão que alterou a rota, a cor, a ordem dos fatores e, é claro, os resultados. Sair de trás da mesa para estar na rua, em contato com dezenas de pessoas por semana, fez que eu me tornasse uma pessoa comunicativa dos pés à cabeça. Passei por psicoterapia; fiz dança, ioga; estudei um terceiro idioma; mudei a roupa, o cabelo, as crenças que me limitavam; e continuei a pintar. Em dois anos, consegui o prêmio de melhor vendedora do ano. Foi apenas o primeiro passo de uma carreira feliz e promissora, que me abriu as portas para tantas outras conquistas profissionais e pessoais.

Essa é minha história, e sou a prova viva de que a reconexão com nossa originalidade faz toda a diferença. Minha jornada é uma entre muitas que comprovam que resultados inéditos são feitos pelos originais, pelos foras da curva, por aqueles que resgatam a autenticidade. Não há fórmulas, e sim ações. Esse movimento começa quando você se abraça – com virtudes e vulnerabilidades. Começa quando você se conhece, pois só assim deixará de se fazer alvo de crenças limitantes, suas ou de outras pessoas.

Ninguém tem autoridade para dimensionar, avaliar ou refrear seus sonhos mais justos e essenciais. Quando silenciamos o ruído dos julgamentos internos e externos, vivemos uma vida mais rica, mais criativa, mais livre. Portanto, fluímos com o presente, que é o único momento no qual verdadeiramente atuamos, quando podemos construir algo relevante, que fará diferença em nossa vida e na de outras pessoas.

Cuide da criança mágica que há em você. Faça isso em todos os momentos de sua jornada, pois é ela quem nos brinda com o olhar desprovido de conceitos sobre tudo e todos, é ela quem sonha dentro de nós. Resultados surpreendentes e extraordinários são construídos por pessoas que ousaram realizar e, para isso, simplesmente tornaram-se o que vieram para ser: o diamante. Aquele que assume a própria verdade interior e aceita lapidar-se pelo cinzel de situações que a vida vai propor adquire um valor incomparável e se torna capaz de construir legados valiosos e prósperos. São pessoas que inspiram sentido, direção, e recriam a realidade para novos futuros, repletos de possibilidades para si e para outros.

Quando a mesmice dominar sua mente e colocar uma névoa sobre seus olhos, tirando o brilho e as cores da vida, seja você mesmo, com suas nuances, com seu jeito único de ser. Quando as pessoas submergirem no poço da hipnose da tecnologia, seja você, com seu coração de criança e suas imperfeições, pois isso o lembrará da riqueza de ser humano. E quando seus resultados forem inéditos, extraordinários e você obtiver um destaque inegável, seja humilde, evite se vangloriar, pois suas conquistas o precederão e falarão por si. Um diamante é como o Sol, a Lua e a verdade: não se pode disfarçar, negar ou esconder seu valor.

Revele-se ao mundo, seja a preciosidade que veio para ser!

© Sandru Luis

CAPÍTULO 11
A ETERNA EXPRESSÃO DE SUA ESSÊNCIA

CATARINA PIERANGELI

 @catarinapierangeli
 Catarina Pierangeli

Catarina Pierangeli é paulistana e jornalista apaixonada pela profissão há mais de trinta anos. Pós-graduada em Gestão da Comunicação em Mídias Digitais (2015), é treinadora em comunicação, ghost writer e personal branding. À frente da Pierangeli Comunicação, desenvolveu um portfólio abrangente e criou o método Digital Branding de Mentoria, que vem impactando a carreira de profissionais há mais de dez anos. Trabalhou na comunicação de companhias nacionais e multinacionais, além de grandes agências de comunicação e veículos de imprensa. Como autora, tem dois livros publicados: *21 histórias de superação* (Reality Books, 2020) e *Estou na rede, logo existo!* (Reality Books, 2020). Como ghost writer, já escreveu inúmeros artigos, livros e capítulos. Hoje, vive exclusivamente ajudando pessoas, empresas e marcas a conquistar visibilidade e autoridade utilizando a comunicação. Mora pertinho do mar, ama pets e plantas.

Você se sente conectado com sua essência? Optei por começar o capítulo com essa reflexão para provocar você a pensar na verdadeira natureza de sua existência. Muitas vezes, não temos ideia clara do que viemos fazer no mundo. Não sabemos qual é nosso propósito no mercado de trabalho e por qual motivo nos relacionamos com as pessoas. Entretanto, recebemos inúmeros sinais ao longo da vida. Basta estarmos alertas para percebê-los.

Para entender, vamos dar um passo para trás. Pense bem: viver a própria verdade exige, em primeiro lugar, entender qual é essa verdade. Porém, esse questionamento nem sempre é feito. Muitas pessoas vivem no piloto automático e sentem como se a vida fosse um agregado de inúmeras memórias fragmentadas e experiências traumáticas. Isso é o que eu costumo chamar de "aglomerado de sintomas", ou seja, quando a pessoa sente que tudo o que fez e produziu até o momento não tem conexão com o presente, embora essa sensação não seja real, já que é possível conectar todos os pontos e fazer essa "costura" única – e é o que ofereço no processo de mentoria. Esse forte e doloroso sentimento acontece porque essas pessoas se desconectaram de si mesmas e estão vivendo por muito tempo sem se perguntar "por quê?".

Ao longo da vida, percebi que os maiores empecilhos que as pessoas enfrentam para viver a verdade autêntica são a desconexão com a própria essência e a falta de clareza sobre o propósito que têm na vida.

Nesse sentido, fico indignada ao ver profissionais incríveis presos em empregos medianos e pessoas talentosas limitadas a relacionamentos que as deixam infelizes, mas que teimam em manter simplesmente por medo de mudar. Vivem em uma espiral de insatisfação, muitas vezes acreditando que não têm escolha ou não merecem algo melhor. O medo e a falta de autoconhecimento paralisam e impedem que essas pessoas se conectem com as verdadeiras paixões e objetivos de vida. Às vezes, uma mudança radical é necessária, mas impensável para elas.

É muito comum ouvir relatos de indivíduos que parecem ter acabado de acordar de um longo e profundo sono (ou pesadelo!) com sinais de amnésia. Estão vivendo e se relacionando, mas não conseguem fazer a ligação, o alinhavo, nessa grande colcha de retalhos que é a vida.

Certa vez, entrevistando um especialista em neurociência, aprendi que o primeiro passo para viver a própria verdade é ouvir os sinais recebidos e, principalmente, entendê-los antes de agir. Dois desses sinais são o incômodo e a sensação de estar em um lugar menor do que o próprio corpo, como se estivesse sufocando, sem ar.

Essa desconexão com a própria essência passa a ser prejudicial quando ela nos incomoda e nos rouba a gana de viver. Presas ao ciclo de acordar, comer, trabalhar, ir para casa e acordar novamente, as pessoas sentem como se tivessem se perdido de si mesmas e não têm ideia de quando ou por que isso aconteceu. E a urgência de resolver esse problema está no impacto devastador que ele tem sobre a saúde mental e emocional. Sem motivação e propósito, a vida se torna uma sequência monótona de dias sem significado, o que pode causar sérios problemas de saúde – burnout, depressão, ansiedade. Por isso, digo e reforço: é preciso parar esse ciclo imediatamente.

Convido você, leitor, a fazer uma verdadeira catarse e perceber em qual ponto da jornada você perdeu seu *eu*. Catarse é uma depuração que permite entrar em contato com seu âmago, suas emoções e lembranças, a fim de resgatar informações importantes sobre a própria história. Nesse processo, a reconexão com sua essência e com seu eixo acontece quando você dá vida a sua marca pessoal.

Vamos virar essa chave?

Essa ação definirá a qualidade dos próximos anos de sua vida, o impacto que causará nas pessoas à sua volta e no mercado em que atua. Em meu caso, descobri minha essência quando percebi que minha marca era forte e que o que eu fazia desde meu primeiro emprego como jornalista estava ajudando muitas pessoas a descobrir também o próprio potencial – o que elas podem fazer por si mesmas e pelos outros. A comunicação me deu todas as respostas e os caminhos que eu buscava. É uma ferramenta poderosa que pode apoiar você nesse lindo processo.

O que era para ser um atalho, em algum momento, virou uma encruzilhada. Quando estamos desconectados de nossa verdadeira marca, somos invadidos por uma onda avassaladora de dúvidas. E precisamos aprender a saná-las. Algumas delas são:

- O que faço no dia a dia é útil para mim e para os outros? Cite de sete a dez ações.

- Isso melhora ou modifica a vida das pessoas? Cite de sete a dez características suas com as quais você pode contribuir para melhorar o ambiente ao seu redor.

- Eu sinto que deveria estar fazendo algo diferente? Liste, sem medo, dez possibilidades que venham à sua mente.

- O que sei fazer muito bem? Cite dez ações que você faz com facilidade e que geram reconhecimento pelos outros.

Esses não são apenas pensamentos passageiros. São o mapa da mina, o caminho que você deve percorrer para chegar aonde quer, deseja e merece. Muitas pessoas que me procuram para se reconectarem ou, de fato, se encontrarem, utilizando as ferramentas do personal branding, sentem a dor real da desconexão. Estão presas na camisa de força da empresa para a qual trabalham, precisando de uma direção nova e assertiva. Ou se aposentaram e agora querem fazer o que gostam. Afinal, nunca é tarde.

Geralmente, começo com um bate-papo descontraído, uma anamnese. Assim, me conecto genuinamente com essas pessoas enquanto contam as próprias histórias e falam sobre esses anseios. Muitas vezes, a conversa é invadida por um silêncio desconcertante. Sim! Depois de tanto serem submetidos às mais variadas pressões, os profissionais (antes de tudo, pessoas) se esqueceram de quem realmente são e do que querem. É nesse ponto que eu entro e, como se fosse um espelho, começo a refletir todo o potencial, os talentos esquecidos e as necessidades de realização que, muitas vezes, ficaram perdidas na infância.

O que testemunho são pessoas desabrochando e acordando de um sono profundo depois de muitos anos. É um momento muito emocionante.

Sei que a jornada de (re)conexão com a própria essência, que agora podemos chamar de marca pessoal, pode ser desafiadora e, muitas vezes, dolorosa. Existem diversos fatores que contribuem para essa dificuldade, e três dos principais motivos são pressões externas, falta de autoconhecimento e falta de direção.

Ao longo dos anos, habilidades e paixões individuais se misturam com as expectativas e as demandas da empresa, da família e da sociedade. As pessoas se sentem pressionadas a cumprir papéis que, muitas vezes, não condizem com a verdadeira essência delas, aquela que ficou esquecida na infância.

Sem um rumo claro, ficam presas a uma rotina que não gera satisfação e vivem o vazio emocional da falta de propósito. Contudo, a realidade é que muitas dessas pessoas nunca foram ensinadas a refletir sobre os próprios desejos, habilidades e escolhas. Elas se perdem nas tarefas e responsabilidades cotidianas, esquecendo-se de olhar para dentro de si. Precisam entregar resultados factíveis o tempo todo. Então, quando peço que contem as histórias e ressaltem as próprias qualidades, muitas se esforçam para se lembrar de quem eram na adolescência, no momento de escolha profissional e no início da carreira.

Com a orientação certa, muito respeito e apoio, é possível organizar e categorizar os retalhos das experiências vividas deixados por aí ao longo dos anos e colocá-los sob o guarda-chuva da marca pessoal eterna. Uma que nunca mais será perdida, não importa como exerça a atividade profissional daquele ponto em diante. É um divisor de águas, construído sobre bases sólidas.

É importante perceber que essa jornada requer paciência, técnica, estratégia e muita dedicação. Por isso, quando contamos nossa jornada e o caminho que nos trouxe até aqui, ajudamos outras pessoas que se sentem sem rumo. Na maioria das vezes, somos nossos críticos mais severos, cobrando mudanças rápidas e sem falhas. Mas precisamos respeitar o tempo dessa construção, para que seja feita com cautela e seja definitiva. E lembre-se de que nossa marca pessoal é viva, está sempre acontecendo e se modificando.

Em resumo, para incentivar você a seguir essa linda jornada com leveza e satisfação de estar fazendo algo importante para si, compartilharei algo bastante valioso que aprendi logo que entrei na maturidade: depois de muito receber da vida, precisamos começar a retribuir. Como? Um ótimo começo é compartilhar seu conhecimento de modo assertivo e estruturado. E sua marca pessoal é o veículo certo para propiciar esse processo. Para colocar essa solução em prática, vou guiar você por algumas etapas.

1. Comece identificando suas paixões e habilidades. Responda:

- O que eu realmente amo fazer? O que faz meus olhos brilharem e meu coração bater mais forte?

- Em quais atividades eu me sinto mais vivo e realizado?

Reserve um tempo para refletir sobre *quem você é*, sem as máscaras sociais. Ocupe seu lugar no mundo. Não importa o que pense, você pertence.

2. A comunicação escrita cura, além de ser uma ferramenta poderosa que o ajudará a mergulhar profundamente dentro de si mesmo. Para isso, é essencial seguir um método testado e bem-estruturado:

a) Comece já, enquanto o incômodo está em um nível alto. Abra uma conta no LinkedIn e construa sua marca de modo que ela conte quem você é, o que faz e o que pode fazer por quem o procura.

b) Olhe pelo retrovisor de sua vida para contar sua história, em quais momentos acertou, em quais errou, o que aprendeu e o que foi, de fato, transformador. Nas linhas a seguir, escreva brevemente sua história.

_____

_____

_____

_____

_____

_____

_____

_____

_____

_____

_____

_____

_____

_____

_____

c) Ao elaborar e organizar sua história pessoal e profissional, você está digerindo e processando informações e memórias, fazendo sua catarse. Ao falar sobre quem é, o que faz de melhor e como chegou até o ponto em que está, a mágica acontece. Agora que você já sabe de tudo isso, prepare-se para o grande momento. Está na hora de contar sua história para alguém, e o exercício a seguir é importante para você consolidar, de uma vez por todas, a marca que você construiu ao longo do tempo e que reflete quem você é realmente. Liste, a seguir, pontos que não pode deixar de mencionar em sua trajetória.

d) Faça uma lista com os temas que você domina e aqueles pelos quais você é mais reconhecido. Comece a publicar seu conteúdo no *feed* do LinkedIn de maneira estruturada e frequente por meio de posts curtos ou artigos longos.

e) Faça um mapa de stakeholders (pessoas, grupos ou empresas que possam se interessar por sua marca e pelo leque de serviços e produtos que você oferece). Investidores, clientes, funcionários e fornecedores são alguns exemplos comuns de stakeholders. Crie estratégias para fazer networking de modo assertivo e genuíno. Lembre-se de que suas conexões serão seus leitores e, consequentemente, os "advogados de sua marca" e os "compradores" de produtos, serviços ou de sua marca pessoal. Ao listar esses stakeholders, mapeie o que você pode fazer, na prática, de forma personalizada para cada público. Por exemplo: quais são as "dores" de cada um e como você pode ajudá-los com suas soluções. Liste dez ações possíveis.

_____

_____

_____

_____

_____

_____

_____

_____

_____

_____

_____

f) Com tudo isso elaborado e funcionando, divulgue seu perfil e publique seu conteúdo para o mundo. Tenho certeza de que, em pouco tempo, você colherá os frutos e os resultados que traçou durante a elaboração do plano de comunicação de sua marca pessoal.

g) Tome cuidado com *gaps* muito longos, ou seja, os espaços entre as postagens e os convites de conexões. Não deixe de promover os relacionamentos de forma verdadeira. Pratique o *netweaving*, o networking genuíno, sem interesse aparente. Converse com as pessoas e se interesse pelo que elas fazem. Assim, elas também se interessarão por você. Lembre-se de que relacionamento é uma via de mão dupla. Muitas oportunidades surgirão, e você testemunhará sua marca ganhando relevância e se eternizando.

Ao longo de mais de dez anos aplicando meu método Digital Branding de Mentoria, reuni muitas histórias de sucesso para contar. Pessoas se reinventaram, mudaram de profissão, de emprego e até mesmo de país. Profissionais ocupavam cargos importantes dentro de empresas competitivas, recebendo ótimos salários, mas estavam estagnados "na geladeira". Relatavam não receber convites nem mesmo para almoços. Depois de algumas conversas, constatei que estavam invisíveis dentro da empresa e precisavam de apoio profissional para conquistar a visibilidade que mereciam e resgatar a autoriadade perdida.

Depois de uma cuidadosa construção da marca pessoal, táticas de networking e produção de conteúdo estratégico, conseguiram ganhar voz dentro da empresa, com líderes e liderados. Sendo mais reconhecidos, consequentemente conquistaram posições melhores. Em outros casos, perceberam que o lugar que ocupavam ficou pequeno e optaram por trocar o plano A pelo plano B. Com um bom planejamento de comunicação e as estratégias certas, o sucesso foi garantido.

Uma vez, um profissional me procurou porque não conseguia se comunicar com o superior, que era de outra nacionalidade e gênero. Começamos o processo de personal branding e, depois de um tempo, passamos a falar com esse superior por meio dos posts e artigos publicados no LinkedIn. Acertamos no alvo! O líder passou a vê-lo como um parceiro, e não mais como uma ameaça. Depois de alguns anos, o chefe mudou de empresa e escreveu um post elogiando meu cliente. Com isso, quero mostrar que, com as estratégias certas, transformamos uma relação difícil em uma parceria positiva, crucial para o sucesso.

Conheci diversos profissionais que se sentiam subaproveitados e, consequentemente, desmotivados. Tinham muito para oferecer, mas a empresa e os líderes não davam espaço. Então criamos uma metodologia por meio da qual eles passaram a exercer esse propósito via LinkedIn, passando a ser percebidos, de fato, pelos pares, por stakeholders e pelo mercado. Readquiriram a confiança perdida e brilharam com luz própria.

Um exemplo que me fascina até hoje é o de uma profissional acima da curva que estava à frente de uma indústria líder no Brasil e na América Latina. No LinkedIn, ela se posicionava como vendedora. Quando fazia convites para conexões, os profissionais não aceitavam, pois entendiam que ela queria vender algo. Durante o processo de mentoria, ficou claro para mim a "pérola" que eu tinha nas mãos.

Essa profissional começou a trabalhar com o pai aos 14 anos. Ela aprendeu sobre funcionamento da fábrica, gestão de pessoas, liderança, relacionamento com o mercado nacional e internacional. Também demonstrava uma ótima capacidade de comunicação, análise e raciocínio ultrarrápido. De fato, ela dominava dominava muito mais aptidões do que somente o talento comercial. Remodelamos totalmente o perfil dela e fizemos um planejamento de pautas. Troquei o título dela de "diretora" para "CEO". Hoje ela é reconhecida nas grandes feiras das quais participa, é parada nos corredores, recebe convites para entrevistas e podcasts e até publicou um livro. Tornou-se um exemplo de profissional que conhece e exerce muito bem o próprio propósito.

Acredite! Se você se dedicar a construir e enxergar marca pessoal como sua fortaleza, ela jamais será perdida. Então, se ainda estiver em dúvida sobre investir ou não nisso, imagine o seguinte cenário: depois de mais de vinte anos de dedicação à empresa, você perde o emprego de um dia para o outro. Nunca investiu em você, portanto só é reconhecido por seu nome + o nome da empresa. Algo como: "O fulano da empresa tal". Ao sair, perde essa chancela e se sente "sem pele", sem identidade.

É bem provável que, nesse momento, você se arrependa de nunca ter acreditado e apostado alto em si mesmo e somente então resolva partir em uma busca frenética pelo tempo perdido. Agora, precisa de resultados rápidos, pois o tempo passou. Desespera-se e não sabe por onde começar. Atualiza o currículo e pensa em entregá-lo em alguns lugares, esquecendo-se de que estamos na era digital e isso não existe mais. Então, liga para seus contatos e percebe que eles não o atendem mais. Bate o desespero, a insegurança, a tristeza – e você é nocauteado.

Parece dramático, mas vi esse filme *inúmeras* vezes e costumo dizer que já "tirei várias pessoas da cama". Por isso, não deixe para se enxergar e se valorizar somente quando a "água estiver batendo na testa". Enquanto você está bem empregado, tem mais chances de fazer conexões que podem ser úteis no futuro, mesmo que não enxergue isso agora. Plante hoje para colher sempre. Sua marca é seu maior ativo e é nele que você deve investir, mesmo – e principalmente – se estiver empregado.

A vida é muito curta para nos furtarmos da felicidade; e a vida profissional é mais breve ainda. Não sabemos até quando teremos vitalidade para continuar produzindo, mostrando nossas capacidades, nossas habilidades e nossos dons.

Você pode e deve ter voz própria para ser ouvido e reconhecido. Pode, inclusive, vestir a camisa da própria marca por cima da camisa da empresa. Na era digital, saber fazer isso demonstra inteligência emocional, uma *skill* (competência) bastante valorizada. Você saber brilhar sem tirar o brilho dos outros demonstra capacidade de liderar.

Agora que você já sabe tudo isso e conhece o caminho, desistir não é mais um possibilidade. Então, mãos à obra!

© Eduardo Olmedo

CAPÍTULO 12
DESTAQUE-SE: ESTRATÉGIAS PARA UM PROFISSIONAL DE SUCESSO

LUCINHA SILVEIRA

 @lucinhasilveiraoficial

 @atelierlucinhasilveira

Lucinha Silveira é empresária e estilista. Trabalha há quatro décadas no mercado de noivas com um ateliê que leva o nome dela. Já publicou diversos livros sobre moda, estratégia de estilo e poder da imagem, compartilhando expertise em mentorias de estilo, palestras e workshops. É organizadora do best-seller *Eu disse sim, e agora?* (Gente, 2024).

Você sente que se destaca no mercado tanto quanto gostaria? Acha que poderia se destacar mais? Perante cenários tão competitivos, como é possível utilizar mais seus diferenciais para ocupar um lugar único de atuação? A partir desses diferenciais, como é possível ter visibilidade, reconhecimento e, principalmente, ganhos financeiros expressivos?

Essas questões falam sobre como se destacar nos próprios mercados de atuação é um grande desafio para profissionais das mais variadas áreas. Muitas vezes, a necessidade do profissional de ser único não está verdadeiramente alinhada com o propósito do negócio. Sem esse alinhamento, um buraco se abre na atuação e as coisas saem dos eixos.

Outra dor latente para a maioria dos profissionais é o *como*. Perceba: se sei e tenho consciência de que devo me destacar, me diferenciar e ser única, o próximo desafio é pavimentar a estrada que me levará ao destaque e ao sucesso profissional. Não é possível fazer isso sem ter a clareza da estratégia da jornada: onde estou, onde quero caminhar e aonde quero chegar.

Nesse sentido, o processo pode ser angustiante. Várias vezes, eu acordava no meio da noite e não conseguia mais dormir. Era assombrada por dúvidas como: será que estou fazendo a coisa certa? Será que estou no caminho certo para a construção da liberdade financeira, da felicidade e do sucesso? Se você já tiver se feito essas perguntas, saiba que entendo como se sente. Depois de errar e acertar, de fazer escolhas equivocadas e impetuosas ou tomar decisões ruins que não me levaram a lugar algum, com dificuldade para dizer "não", principalmente para projetos que não tinham conexão com meus sonhos, decidi fazer um balanço de tudo o que havia acontecido e procurar enxergar com nitidez alguns pontos importantes. Para isso, fiz dois movimentos:

1) CRIAR UM NOVO OLHAR

Primeiro, olhei para o retrovisor de minha vida e refleti: o que fiz para chegar até aqui e o que faria diferente? Depois, olhei para o futuro e me perguntei aonde gostaria de chegar, quem estaria a meu lado, como seria isso, o que eu achava que sentiria, que viveria, o que gostaria que acontecesse e, acima de tudo, o que eu *não* gostaria que acontecesse. Foi um processo lento, durante o qual contei com apoio profissional de mentorias, cursos e terapias.

Mudei hábitos e mudei minha maneira de pensar. Fez muito sentido em minha rotina, ao acordar, incluir uma meditação de recalibragem energética para me conectar com o Criador. Essa é uma ótima maneira de me sentir renovada, de me fortalecer e me preparar para viver com mais gratidão o dia que se inicia. O que pode dar errado para um ser humano que está confiante de que existe uma inteligência suprema que nos fortalece a cada dia e nos prepara para vibrar irradiando luz? Essa é minha reflexão.

2) CRIAR UM NOVO PROPÓSITO

Também revisei meu propósito para entender o que me movia. Todos os dias, repasso mentalmente meus compromissos e busco entender se tudo o que viverei naquele dia me aproximará ou me afastará de meu objetivo de vida. Para esse momento, existe um exercício que faço há anos. Convido você a realizá-lo.

> Coloque um outdoor imaginário na mente. Ele deve ser em 4D, colorido, cheio de detalhes. Então, pense: qual é a cena ideal para uma vida feliz? Que papel você gostaria de ocupar nela? Escreva um resumo para fixar essa imagem em sua mente.

Depois de mentalizar, você pode desenhar a cena e emoldurar, a fim de potencializar os resultados. Reforço que, caso você decida desenhar, não precisa ser com perfeição. A qualidade do desenho não importa, e sim a energia que você imprime nele. Isso é poderoso. Detalhe o que deseja no futuro, como objetos, pessoas e cores. A ideia é dar vida a seu sonho, como se você estivesse utilizando um binóculo superpotente que transcende a linha do tempo e o leva ao futuro realizado, que pode acontecer daqui a dois ou três anos.

Certa vez, em uma mentoria, Arthur Bender, um dos maiores especialistas em personal branding no Brasil, enfatizou o motivo pelo qual, muitas vezes, as pessoas não alcançam objetivos. Ele disse: "Elas ficam à deriva". Isso mesmo! As pessoas deixam o próprio barco ao léu, movimentando-se apenas com a correnteza, colocando-se à disposição do acaso, deixando que fatores externos definam para onde irão e em qual porto atracarão. Às vezes, nem percebemos que nos colocamos nessa situação, e, quando menos esperamos, estamos deixando a vida nos levar. É possível que agora você tenha percebido que está fazendo o mesmo. Não se preocupe, pois o ajudarei a recuperar o leme e voltar para seu caminho.

Perdemos o leme quando damos poder de decisão aos outros. Eu mesma já permiti ser influenciada sobre o rumo de minha vida; nadava conforme a maré. Foi um aprendizado doloroso e demorado sair dessa situação. Errar faz parte, mas eis uma lição que aprendi: **você vai errar muitas vezes, e está tudo bem**. É a partir do erro que temos o aprendizado. Por isso precisamos mudar a ótica com a qual enxergamos os erros. É preciso assumir as responsabilidades sobre os equívocos da jornada, assim como sobre todo o sucesso alcançado. Assim, você verá que ser protagonista é muito mais saboroso, independentemente do resultado obtido.

Algumas das reclamações que mais escuto quando falo sobre esses problemas são:

- As coisas não fluem para mim. Trabalho muito e não vejo o resultado.
- Meu concorrente não chega a meus pés em capacidade profissional e de entrega, mas ele tem mais sucesso. Por quê? Isso é injusto.
- Quero ser valorizado, mas é como se eu fosse invisível. Onde foi que eu errei?

Três grandes porquês ajudam a explicar esse cenário.

1º) FALTA DE CLAREZA DE QUEM VOCÊ É

Um dos versos de uma música do Lulu Santos chamada "Toda a forma de amor" diz: "Às vezes eu me sinto uma mola encolhida". Essa é uma boa metáfora para a falta de clareza de quem somos. Quem não sabe de si se encolhe. Você já se sentiu assim? Cheio de sonhos para realizar, projetos para executar, mas com a sensação de que algo o comprimia e abafava seus desejos mais profundos? Escreva brevemente o que você sente em relação a isso.

Meu maior sonho é:

_____

_____

_____

_____

_____

O que me impede de realizá-lo é:

_____

_____

_____

_____

_____

2º) IMEDIATISMO

Vivemos em um mundo líquido, em que tudo é para ontem e hoje nada mais é como foi no passado. As pessoas querem resultados imediatos, milagres em relação a uma vida próspera e abundante. A realidade, contudo, é que ter pressa para alcançar os resultados e pular etapas pode ser uma maneira potente de sabotar os próprios sonhos. Cada vitória é conquistada em ritmo próprio.

3º) COMPARAÇÃO

Estamos constantemente nos comparando com o outro – ação muitas vezes incentivada pelas redes sociais. E isso é prejudicial para nossa saúde mental e emocional. Vivemos na geração da *paranoia da comparação*, uma atitude tóxica e que gera ansiedade. Perceba que cada um tem habilidades, um caminho único e colecionará as próprias experiências. Então, precisamos nos valorizar. Focar a jornada, definir metas realistas e colocar a mão na massa. Você terá mais conquistas dessa maneira do que se ficar se sentindo apenas inadequado e menor do que os outros.

Portanto, imagine-se saindo da normose, estado no qual as pessoas seguem padrões pré-estabelecidos, agem no automático e não refletem sobre as próprias verdades. Comece a pensar em como buscar ambientes que se conectem com suas ideias para estar perto dos que são "fora da curva" e estimularão seu potencial máximo. Para estar ao lado de quem tem coragem, autenticidade e ousadia. Para que você possa viver uma vida com mais brilho e prosperidade. Para que sua jornada seja mais interessante e você possa atrair o melhor para si através de sua vibração.

A fim de operar essa mudança interna, convido você a fazer três movimentos. Vale a pena!

1º) Faça algo que lhe traga satisfação. Por exemplo: assistir a uma comédia romântica, nadar sem roupa ou comer sem remorso aquela sobremesa que você adora. Pense no que faz sentido para sua vida e coloque em prática.

2º) Telefone para uma pessoa a quem você é grato, mas com quem nunca tem tempo de falar. Diga que ela é e sempre será importante em sua vida.

3º) Tenha orgulho de ser quem você é. Separe alguns minutos para pensar em tudo o que você já realizou e sinta orgulho de si mesmo. Em frente ao espelho, se elogie pelo menos três vezes. Faça isso por três dias consecutivos para nutrir sua autoconfiança e se fortalecer.

A verdade é que todos somos fora da curva em algum aspecto, muitas vezes só não sabemos disso ou não potencializamos nossos talentos. Precisamos encontrar nossa unicidade e originalidade e revelá-las ao mundo. Costumo pensar em duas perguntas para identificar meu lugar de originalidade. Responda a estas perguntas também:

a) Se alguém fosse apresentar você para o cliente dos sonhos e utilizasse uma frase para isso, qual seria? Meu exemplo: "Essa é a Lucinha Silveira, empresária da moda e estilista renomada". Agora escreva a frase com a qual gostaria de ser apresentado.

_____

_____

_____

_____

_____

_____

b) Você está decidido a ocupar seu lugar no palco? No curso para palestrantes "Super Star", de Roberto Shinyashiki, um dos alunos foi até o palco no intervalo e disse com muito entusiasmo e conexão: "Este lugar é meu! Somente eu consigo ocupá-lo". Faça o mesmo. Diga para si: "Este palco da vida é meu. Somente eu posso transmitir minha mensagem".

Você precisa assumir para si que é uma obra de arte *única* e *incomparável*. Segure firme as rédeas de sua vida e decida o caminho que quer trilhar. É preciso ter coragem para mudar. Portanto, quero propor mais três ações para que sua mudança aconteça já.

PASSO 1: DESCUBRA SUA UNICIDADE

Procure entender em qual área você é único. Algo em que você seja tão bom a ponto de as pessoas quererem compartilhar com o mundo a transformação que tiveram ao conhecê-lo, a marca positiva que deixou no coração delas. Quais são o talento e as habilidades que o diferenciam dos outros? Anote.

Sou especialista em:

_____

_____

_____

_____

PASSO 2: CRIE UMA ESTRATÉGIA

Monte uma estratégia para transmitir quem você é e como poderá contribuir com a vida das pessoas. Construa um plano a fim de mostrar seu trabalho e o resultado do que traz para a vida das pessoas. Desenhe o plano, detalhe-o e visualize-o firmemente. Pense onde você gostaria de estar, o que gostaria de fazer. Defina os ambientes que frequentará, cursos que fará, pessoas com as quais vai se conectar, novos fornecedores que buscará, ações específicas que executará etc. Siga essa estratégia considerando as mais variadas áreas, como marketing, posicionamento, financeiro, administrativo etc. A cada novo resultado, vá mensurando o que está conseguindo atingir. Faça um rascunho para usar como base para o planejamento.

PASSO 3: TENHA UMA VIDA MAIS LEVE

Por fim, busque inspiração em pessoas que admira. Lembre-se de valorizar cada conquista e cada progresso, por menor que sejam. E não se cobre pelo que ainda não conquistou. Apenas dê seu melhor com alegria e leveza, sabendo que as coisas vão acontecer.

Sou empresária do mundo da moda há mais de quarenta anos e, durante minha trajetória profissional como estrategista de imagem pessoal, tive a alegria de presenciar transformações impactantes em meus clientes, as quais permitiram que eles reconstruíssem a própria jornada profissional e pessoal e fossem muito mais felizes. Ao empreender, pude alcançar os objetivos almejados. E isso só aconteceu porque coloquei em prática alguns conceitos básicos.

- **Inovação**. Surpreenda seu cliente ou seu público com ideias e produtos diferenciados. Busque no mercado nacional e internacional quem são os melhores em sua área e implemente ações e produtos inovadores, que tragam soluções e felicidade para a vida das pessoas.
- **Aprimoramento**. Invista em sua capacitação e na de sua equipe. A sede de saber tem que ser insaciável.
- **Novos talentos**. Dê espaço para novos talentos, busque trabalhar com pessoas com mentalidade criativa e que tenham uma visão próspera e inovadora de futuro. Tive a alegria de conduzir um processo sucessório na empresa, com meu filho Luciano, que aborda esses conceitos de gestão e fala da importância de novos talentos.
- **Assinatura de estilo**. Com essa imagem construída estrategicamente, você deverá trabalhar sua visibilidade e seu posicionamento no mercado, afinal, sua imagem é sua assinatura de estilo. Uma frase frequentemente atribuída a Coco Chanel, ícone da moda francesa, diz que: "Não basta ser notada, é preciso ser lembrada". Essa frase reflete o *ethos* de Chanel, que valorizava a permanência da impressão que uma pessoa ou marca deixa no mundo. É muito mais do que apenas ser vista momentaneamente, fazendo um "barulho" ao ser notada, é criar uma memória duradoura.

Destaque-se **151**

Esses conceitos são um ponto de partida para você, que deseja ser um profissional "fora da curva", refletir sobre a importância de construir uma identidade de estilo única e memorável em um mundo profissional altamente competitivo. A verdadeira chave para o sucesso está em deixar uma marca indelével, criar uma identidade que seja não só notada, mas também lembrada. Isso requer uma assinatura de estilo que reflita autenticidade, consistência e uma proposta única.

Se você deseja construir uma carreira de sucesso, é importante olhar com cuidado para a gestão e a construção de sua marca pessoal, seu *personal branding*. Um dos pilares na construção de branding é a imagem pessoal e profissional. Sua imagem projetada no mundo tem o poder de potencializar seus resultados. Por isso, acredite na importância e invista em sua imagem O que quer que as pessoas sintam ao ver você? Como quer ser percebido? Tenha o cuidado de que essa imagem seja congruente com o que você faz e esteja conectada com sua essência para transmitir verdade e confiança.

Se você tem vontade de ser um profissional de destaque e de alto valor, é essencial definir o que esses conceitos significam para você, para sua realidade e para o que você acredita. O sucesso e a visibilidade profissional podem ser percebidos de diferentes maneiras por cada indivíduo. Compartilhei algumas ferramentas que utilizo profissionalmente e que transformaram a vida de muitos empresários, e você também pode pensar se existem outros pilares que precisam ser cuidados. De todo modo, espero que o que apresentei seja útil para a construção de seu novo eu.

O principal é seguir aquilo que deixa sua alma feliz e traz realização pessoal. Quando estamos envolvidos em atividades que nos trazem alegria e paz, nossa alma fica preenchida e tendemos a ser mais dedicados, criativos e entusiasmados. Transmita essa paixão por viver e produza com brilho nos olhos, sorriso nos lábios e vibração elevada. Assim, sua vida se transformará.

Quando realizamos atividades com paixão, demonstramos ao mundo – e a nossos clientes – comprometimento. A partir disso, o sucesso e o destaque inevitavelmente são uma consequência. Estando felizes com o que fazemos e onde estamos, abastecemos sempre nossa motivação, mesmo diante dos desafios, que podem ser muitos, mas fazem parte da vida. E a

E a satisfação pessoal é um poderoso impulso para superar os obstáculos que aparecerão.

Por fim, *destaque-se*. Saia deste capítulo com a convicção de que sua *essência* e seus *valores* são inegociáveis. Eles são parte de você, e é preciso ser fiel a eles. Todas as atitudes que tomar precisam estar *alinhadas* a seus valores e transmitir isso com *autenticidade*. Dessa forma, você se destacará em meio à multidão.

© Galeria 32

CAPÍTULO 13
LIDERE COM AUTENTICIDADE

RENATO TRISCIUZZI

 Renato Trisciuzzi

Renato Trisciuzzi é especialista em liderança e gestão de equipes. É mentor, líder de líderes, mestre em controle de gestão e executivo de auditoria, gestão de riscos e controles. Impulsionado por inspirar pessoas e transformar negócios, soma mais de trinta anos de experiência profissional em empresas como Deloitte, Santander, Vivo, Nexans, Embratel, Invepar, Walmart, Transpetro e ALE. É palestrante internacional em mais de dez países, tendo realizado mais de cinquenta conferências. Foi premiado como uma das cinco melhores pesquisas científicas no III Congresso Iberoamericano de Contabilidade de Gestão 2009, na Espanha. É filho, irmão, marido, pai de dois e avô de três. Nasceu no Rio de Janeiro e trabalha em São Paulo. É entusiasta da gastronomia e apaixonado por natação e triatlo.

Vamos falar sobre liderança? Vejo que existem dois problemas principais que se destacam em líderes que não entregam resultados extraordinários:

- falta de autenticidade;
- incapacidade de inspirar e motivar a equipe.

Essas questões, apesar de parecerem óbvias, são fundamentais e têm um impacto devastador no ambiente de trabalho, no moral dos funcionários e, consequentemente, nos resultados organizacionais.

Se por um lado temos que a falta de autenticidade na liderança cria um ambiente de insegurança, por outro a incapacidade de motivar a equipe faz que esse problema se torne ainda mais latente dentro de todas as esferas da empresa. O resultado é um ambiente de trabalho tóxico e improdutivo, ou seja, líderes que não conseguem se conectar emocionalmente com a equipe, que não inspiram confiança, que falham em engajar os funcionários, que levam a resultados insatisfatórios. Essa incapacidade gera liderança autoritária e falta de reconhecimento, trazendo sentimentos de medo, resistência passiva, baixa produtividade, desvalorização, *turnover* elevado e perdas de talento na equipe.

A verdade muitas vezes não dita é que, quando líderes não cuidam desses fatores, a equipe percebe a dissonância entre palavras e ações, e isso mina a confiança e a credibilidade dessa liderança. E o resultado, em geral, causa dores significativas aos colaboradores, indo desde a percepção de uma liderança hipócrita até falta de coerência, desconfiança, desmotivação, rotatividade, frustação, burnout e baixa motivação.

A liderança, portanto, é um dos pilares mais importantes de um negócio – se não o mais importante –, e esses problemas não são meramente inconvenientes, são barreiras críticas que podem minar o sucesso de qualquer organização. A urgência em resolvê-los está enraizada no impacto imediato e duradouro que essas falhas de liderança têm na vida da equipe como um todo, tanto no âmbito profissional quanto no pessoal.

Então, avançando para os detalhes, percebo que quando os líderes não são autênticos e falham em inspirar, a confiança e a credibilidade se deterioram rapidamente. Com isso, os funcionários começam a duvidar das intenções do líder, o que, por sua vez, leva a um ambiente de trabalho repleto de desconfiança e insegurança. Essa perda de confiança pode levar anos para ser recuperada e, em muitos casos, pode até ser irreparável, afetando a cultura da empresa e os resultados no longo prazo. Vemos nesse estágio a desmotivação entrar em campo. Entre os funcionários, assistimos ao efeito direto de uma liderança pobre e opressora. Colaboradores desmotivados reduzem o nível de esforço, comprometendo a qualidade do trabalho e a produtividade da equipe, e a desmotivação prolongada leva a um ciclo de baixa moral, aumento do absenteísmo e alta rotatividade, o que eleva os custos operacionais e de recrutamento.

Quando consideramos essa liderança pobre e opressora, os sintomas de frustração e desmotivação são evidentes. A frustração é um sentimento avassalador para aqueles que estão presos a uma liderança ineficaz; nasce da discrepância entre o potencial que os funcionários sabem que têm e as barreiras impostas por um líder opressor e desmotivante. Traz a sensação de invisibilidade ao ver as oportunidades perdidas por não ser ouvido e causa impactos na motivação da equipe.

Além disso, a desmotivação é um sentimento insidioso que se instala quando os funcionários percebem que os próprios esforços não são reconhecidos ou valorizados. Trabalhar sem um propósito claro mina a energia e o comprometimento dos colaboradores, gerando sensação de inutilidade, falta de propósito, perda de paixão pelo trabalho, isolamento e solidão entre os membros da equipe e o líder. Esse cotidiano carrega desafios emocionais, em que estão presentes a falta de voz, de reconhecimento e de propósito, acabando com o potencial dos profissionais e até com a felicidade deles – isso não acontece só no trabalho, mas também na vida pessoal.

Antes de avançarmos, não posso deixar de observar que existem vários motivos pelos quais as pessoas enfrentam desafios ao tentar viver a própria verdade como líderes. A *falta de orientação adequada* é um deles, e a *pressão para a conformidade* está muito presente também.

Muitos líderes não recebem o treinamento necessário para desenvolver habilidades de liderança eficazes, resultando em comportamentos que perpetuam ambientes de trabalho tóxicos, ou seja, acabam repetindo padrões e fazendo que essa situação se prolongue. E, ademais, há líderes que sentem que precisam se adequar a normas e expectativas rígidas, muitas vezes em detrimento da própria autenticidade. Essa pressão pode vir de cima, de colegas ou da cultura organizacional, criando um ambiente em que é difícil ser verdadeiro consigo mesmo.

Então, reflita e depois responda: por quem você lidera?

O extraordinário acontece quando você se permite liderar com autenticidade: sua verdadeira essência inspira confiança, motiva a equipe, transforma desafios em oportunidades de crescimentos e gera resultados fora da curva. Liderar com autenticidade é mais do que uma escolha, é um compromisso contínuo com a verdade e a integridade pessoal. Quando líderes se permitem ser verdadeiros consigo e com as equipes, criam um ambiente em que a confiança floresce, a motivação aumenta e os desafios se transformam em oportunidades.

A autenticidade na liderança não é apenas um ideal a ser alcançado, é uma prática diária que requer consistência e coragem. É uma atitude que traz à tona o melhor de cada indivíduo, criando um ambiente de trabalho colaborativo, inovador e produtivo. Por isso, o método a seguir foi projetado para guiar líderes em uma jornada de autodescoberta e expressão autêntica. Ao implementar essas práticas, você melhorará o próprio desempenho e criará um ambiente em que sua equipe poderá prosperar, resultando em uma organização mais forte, resiliente e bem-sucedida.

Portanto, para criar um ambiente em que a autenticidade, a confiança e a motivação se traduzam em ações concretas e resultados tangíveis, é essencial seguir dois passos fundamentais: desenvolver e comunicar uma visão clara e inspiradora e praticar a liderança com transparência e responsabilidade.

PASSO 1: DESENVOLVA E COMUNIQUE UMA VISÃO CLARA E INSPIRADORA

Uma visão clara e inspiradora é a base de toda liderança eficaz. Ela deve refletir seus valores e os objetivos de sua equipe e da empresa, servindo como um guia motivador para você e para o time.

A. DEFINIÇÃO DA VISÃO

Pare agora para refletir sobre seus valores e alinhe-os com os objetivos de sua equipe e da organização. Anote quais são eles:

- Seus próprios valores:

  _____

  _____

- Os valores de sua equipe:

  _____

  _____

- Os valores da empresa:

  _____

  _____

Dica de ouro: estude visões de líderes bem-sucedidos e adapte elementos a sua realidade.

Agora, escreva uma declaração de visão clara e concisa. Peça feedback de colegas e mentores para garantir que sua visão seja inspiradora e realista.

_____

_____

_____

_____

_____

_____

B. COMUNICAÇÃO DA VISÃO

Desenvolva uma narrativa inspiradora que conte a história por trás da visão. Use múltiplos canais e formas de comunicação para compartilhá-la. Faça, a seguir, um rascunho desse material.

Para aplicar, realize reuniões de equipe para compartilhar sua visão de maneira inspiradora. Encoraje a discussão e o feedback a fim de ajustar a proposta conforme necessário – e anote as ideias que surgirem dessas conversas para mencionar em reuniões futuras.

PASSO 2: PRATIQUE A LIDERANÇA COM TRANSPARÊNCIA E RESPONSABILIDADE

A transparência e a responsabilidade são essenciais para construir confiança e credibilidade.

A. TRANSPARÊNCIA NAS DECISÕES

Mantenha a equipe informada sobre decisões importantes e os motivos por trás delas. Crie documentos acessíveis, detalhando os processos de tomada de decisão. Anote pelo menos quatro possibilidades de documentos acessíveis que você pode criar para sua equipe.

Para manter a roda girando, realize reuniões regulares a fim de compartilhar atualizações e use plataformas de comunicação interna para manter a transparência. Anote pelo menos três opções de reuniões periódicas que você pode implementar em sua rotina.

B. RESPONSABILIDADE E FEEDBACK

Assuma a responsabilidade por erros e falhas, mostrando como pretende corrigi-los. Crie um ambiente no qual o feedback é bem-vindo. Anote pelo menos três exemplos de possíveis erros ou falhas que podem acontecer e como você pode resolvê-los.

E não se esqueça de realizar sessões de reflexão após reuniões e projetos importantes. Desenvolva planos de ação com base no feedback recebido, estabelecendo metas claras para melhorias contínuas.

Ao implementar esses passos, você será capaz de transformar sua liderança e promover um ambiente colaborativo, motivador e produtivo, a fim de alcançar resultados extraordinários e fora da curva. Como bônus e antes de contar uma história que me marcou, quero deixar como sugestão a leitura do artigo "What Great Leaders Do", da *Harvard Business*

Review.[1] O texto oferece uma análise aprofundada das práticas de liderança eficazes, baseadas em pesquisas e exemplos de líderes de sucesso. Nele, é discutido como os grandes líderes se comunicam, tomam decisões e inspiram as equipes.

Também quero recomendar o podcast *The Tony Robbins Podcast*, de um dos maiores coaches de vida e negócios do mundo. Esse programa aborda uma ampla gama de tópicos relacionados a desenvolvimento pessoal e profissional, incluindo liderança, motivação e comunicação, e os episódios apresentam entrevistas com líderes e especialistas que compartilham experiências e insights. É uma excelente maneira de obter inspiração contínua e aprender novas estratégias que podem ser aplicadas em sua jornada de liderança.

Agora quero compartilhar um dos momentos mais decisivos em minha carreira. Esse ponto de não retorno ocorreu durante minha atuação como gestor em uma empresa que estava em crise financeira e em busca de resultados positivos. A empresa enfrentava sérios desafios de liderança, que resultavam em moral baixo na equipe, alta rotatividade de funcionários e desempenho estagnado.

A empresa tinha um excelente plano e ótimos produtos, mas enfrentava uma crise interna. Os funcionários estavam desmotivados, a comunicação era falha e a liderança era percebida como autoritária e desconectada. As reuniões eram monótonas e não inspiravam a equipe a se envolver ou inovar. Ao analisar a situação, decidi implementar o método de criar uma visão clara e inspiradora para nortear os colaboradores a buscar propósitos no trabalho. Em seguida, incentivei a prática da transparência e da responsabilidade.

Um exemplo específico dessa transição aconteceu em um projeto de desenvolvimento de um novo indicador de monitoramento contínuo sobre o nível de estoque, que havia estagnado devido ao medo de falhar, à falta de inovação e colaboração entre as equipes. Após a implementação do método,

---

[1] HILL, L.; TEDARDS, E.; WILD, J.; WEBER, K. What Makes a Great Leader? **Harvard Business Review**, 19 set. 2022. Disponível em: https://hbr.org/2022/09/what-makes-a-great-leader?ab=seriesnav-bigidea. Acesso em: 18 ago. 2024.

o time, então motivado e inspirado pela nova visão, revisitou o projeto com uma mentalidade renovada e introduziu ideias inovadoras que não só aceleraram o desenvolvimento como também melhoraram significativamente a qualidade do processo. No fim das contas, a solução foi lançada com grande sucesso, superando as expectativas da alta direção e os resultados alcançados, reforçando a posição da área como líder em inovação na empresa.

Foi um resultado notável. O moral da equipe começou a melhorar à medida que os funcionários se sentiram mais valorizados e envolvidos. A rotatividade de pessoal diminuiu significativamente e a produtividade aumentou. Projetos começaram a ser entregues com maior eficiência e inovação, refletindo o novo espírito de colaboração e criatividade dentro da empresa. Esse é o poder da liderança que aplica a metodologia.

Assim, colocar esses passos em prática é a chave para alcançar os resultados desejados em sua jornada de liderança. A transformação que você busca – ambiente de trabalho positivo, engajamento da equipe, produtividade elevada e resultados excepcionais fora da curva – depende diretamente da implementação dessas estratégias. Não há mais volta.

A jornada para se tornar um líder autêntico começa com o ato de dar o primeiro passo e persistir. Não subestime o poder da consistência e da ação deliberada. **Cada pequena mudança que você implementa hoje pode levar a grandes transformações amanhã**. Não posso negar que os desafios são inevitáveis, mas a recompensa de uma liderança eficaz e inspiradora vale cada esforço. E saiba disto: essa mudança de mindset da liderança é mais do que uma meta a ser atingida, é uma jornada contínua de crescimento e desenvolvimento. Cada passo que você dá hoje está moldando o líder que você será amanhã. Seus liderados e sua organização vão agradecer.

Por último, saiba que a jornada para se tornar um líder fora da curva é, sim, repleta de desafios, mas também de oportunidades incríveis de crescimento e transformação. Cada passo que você dá em direção a uma liderança autêntica e eficaz tem o poder de impactar profundamente sua vida e a de todos ao seu redor. O extraordinário acontece quando você se permite liderar com autenticidade: sua verdadeira essência inspira confiança, motiva a equipe e transforma desafios em chances de crescimento.

Você tem a capacidade de construir resultados que falam por si próprios, aliados à capacidade de inspirar, motivar e transformar. Acredite em si mesmo e no impacto positivo que pode gerar no mundo. Nunca se esqueça de que liderança é um ato de serviço e um compromisso com o crescimento contínuo. Sua dedicação e sua paixão farão toda a diferença. Continue avançando, um passo de cada vez, e saiba que cada esforço vale a pena.

© Amanda Martins

CAPÍTULO 14
EMPREENDA DE DENTRO PARA FORA

RAFAELLO PEDALINO

 @rafaellopedalino

Rafaello Pedalino

Rafaello Pedalino é CEO da adv.co. Formado em Direito pela Pontifícia Universidade Católica do Paraná (PUC-PR) e Economia pelo Mackenzie, é empreendedor, investidor e conselheiro de destaque. Tem experiência internacional, com mais de cinquenta países visitados, além de uma trajetória profissional na advocacia, na Procuradoria-Geral da Fazenda Nacional, no banco de investimento espanhol Santander e como diretor da aceleradora californiana de startups Founder Institute, o que define uma base sólida para a perspectiva única que tem sobre o empreendedorismo. É autor, palestrante e inspira o alinhamento do sucesso profissional ao bem-estar pessoal. Nascido em Londrina (PR), é um ávido leitor, esportista e entusiasta de práticas que promovem o autoconhecimento e o aprimoramento constante em todas as áreas da vida.

Em meados de 2019, vivi um momento decisivo: precisei transformar meu escritório de advocacia em uma startup de soluções jurídicas e me tornar empreendedor. Ali, diante de uma mudança tão grande, percebi que precisava alinhar valores pessoais ao ambiente de trabalho. Mas como poderia fazer isso e ainda construir o caminho planejado? Passei muito tempo refletindo. Olhei para mim e para minha vida – principalmente, olhei para meus *valores fundamentais*.

Queria criar um ambiente que valorizasse meu bem-estar e sucesso profissional, alinhando-o a necessidades e expectativas de outros empreendedores. Isso era inegociável. Então, comecei a tomar decisões intencionais, incorporando práticas sadias no trabalho e aceitando projetos que agregassem valor a meus princípios. A partir daí, cultivei relações autênticas, encontrei parcerias com empresas que compartilhavam minha visão e organizei eventos focados em crescimento pessoal e profissional. Refinei práticas, recebi retornos e ajustei abordagens sempre que necessário, inspirado na prática de *kaizen*, filosofia japonesa que enfatiza a melhoria contínua. Foi uma grande mudança, da qual me orgulho.

Com resultados impressionantes, percebi um aumento significativo na satisfação, na produtividade e na inovação dos colaboradores. A mudança havia proporcionado uma relação ganha-ganha para todos.

Em determinado momento, a empresa assinou um grande contrato com uma startup promissora, destacando nossa filosofia de trabalho como diferencial. Essa experiência transformou não apenas meu negócio, mas também minha perspectiva sobre integrar vida pessoal e profissional de modo *harmonioso* e *autêntico*. Você já parou para pensar na importância dessa harmonia e na necessidade de estarmos alinhados com nossos *valores fundamentais*?

"Estar por inteiro" é a primeira ideia que trago. Agir de acordo com a verdade interior e manter uma visão clara e intencional em todas as ações é poderoso e gera sucesso. Continuo a aplicar e evoluir essa ideia, que está materializada em alguns passos que serão vistos adiante. A proposta é garantir que nossas práticas estejam sempre alinhadas com nossos valores.

Esta deve ser a pedra fundamental a reger nossas ações, decisões e caminhos. Sem isso, nada funciona e os problemas batem à porta.

Percebo muitas pessoas enfrentando dificuldades para viver a própria verdade. Sobra pressão social e falta autoconhecimento. É comum ver jovens empreendedores pressionados a seguir carreiras tradicionais, ignorando as verdadeiras paixões, o que resulta em frustração e insatisfação. Vale comentar que a falta de coragem também impede muitos profissionais de deixar empregos que detestam porque precisam cumprir expectativas sociais. Enquanto a pressão externa leva a altos níveis de estresse e ansiedade, a falta de clareza sobre os verdadeiros desejos gera vazio existencial.

Se você está preso a esse ciclo infrutífero, provavelmente experimenta sentimentos de vazio e frustração. Vive em constante conflito interno. A tentativa de corresponder às expectativas dos outros gera ansiedade e sensação de inadequação.

Exemplos reais não faltam e incluem empreendimentos que falham porque os fundadores seguem tendências de mercado em vez de as próprias paixões. Também vemos profissionais bem-sucedidos, mas insatisfeitos, que não encontram significado na carreira ao perceberem que ela não reflete os verdadeiros interesses e valores deles. Outro exemplo comum é o empreendedor sempre sobrecarregado pelas demandas do negócio, sacrificando relacionamentos pessoais e a saúde.

O resultado é isolamento e desespero.

As situações são lamentáveis porque pessoas talentosas desperdiçam o próprio potencial e vivem vidas que não trazem alegria ou realização. Nesse sentido, a falta de suporte adequado em ambientes familiares e profissionais é um agravante, que perpetua o ciclo de insatisfação e desmotivação. Esse cotidiano impacta diretamente a saúde mental, gera estresse, ansiedade e insatisfação crônicos. Estar em desalinho com a própria verdade leva ao esgotamento profissional e pessoal, prejudicando relacionamentos, a capacidade de tomar decisões assertivas e a busca por uma vida mais autêntica e significativa.

A sociedade frequentemente impõe expectativas rígidas sobre sucesso e comportamento, o que leva a caminhos que não refletem os verdadeiros desejos e valores de cada um, estimulando uma vida desconectada de si. Esse conformismo, por sua vez, gera frustração, pois as escolhas se baseiam no que é esperado pelos outros, e não no que é realmente significativo para você.

Além disso, a falta de autoconhecimento impede a identificação de paixões e propósitos. Sem ferramentas e orientação adequadas, torna-se mais difícil explorar e entender profundamente necessidades e objetivos, resultando em decisões que não geram satisfação real. Esses fatores combinados criam um cenário em que viver a própria verdade é um desafio constante. Você se sente assim? Conhece alguém em quem identifica essas questões?

Perceba, portanto, que, em um contexto de mudanças rápidas e intensa pressão por resultados, a origem do ciclo de frustração e desmotivação está no desequilíbrio entre aspirações pessoais e expectativas externas.

Muitas pessoas sentem a necessidade de encontrar propósito e significado na vida, além de sucesso material. Isso só acontece quando alinhamos expectativas, quando olhamos para o que somos e o que queremos e projetamos nossos valores nos sonhos que estamos buscando. Seu propósito começa dentro de você. A verdadeira transformação só se inicia quando você decide confrontar expectativas, quando busca um caminho mais alinhado com a própria essência. É uma jornada de autodescoberta e coragem pela qual todos devem passar em certo momento da vida. Todos devem responder à pergunta "Quem sou eu?", para virar a chave e viver de acordo com as próprias verdadeiras paixões e valores.

Ao alinhar ações com verdade interior, você transforma os desafios em oportunidades de crescimento e realiza uma jornada de autêntica realização. Quero que você viva uma vida em sintonia com seus valores e desejos genuínos. Quando suas ações refletirem sua verdade interior, você criará um caminho repleto de significado e propósito. Você está pronto?

Será preciso se dedicar ao autoconhecimento, identificando seus valores centrais e se comprometendo a fazer escolhas alinhadas com essas descobertas. No fim, tudo está conectado. A partir disso, você vai reduzir o conflito interno e a insatisfação, bem como fortalecer a resiliência diante dos desafios, a fim de transformá-los em oportunidades de crescimento pessoal e profissional. Você passará a viver uma vida autêntica e plena, na qual cada passo dado será um reflexo de quem você realmente é, de uma vida de profunda realização e paz interior.

1º PASSO: DEFINA CLARAMENTE SUA VERDADE INTERIOR

Você iniciará um processo de autoconhecimento e reflexão.

Feche os olhos por um minuto. Durante esse tempo, respire profundamente pelo nariz, contando até três. Segure a respiração por três segundos e, em seguida, solte o ar pela boca, lentamente, durante seis segundos. Repita essa contagem a fim de aliviar o estresse mental e se preparar para a reflexão.

Agora, responda às perguntas a seguir.

1. Com base no que viveu até hoje, quais são os três valores fundamentais que governam sua vida? Esses valores podem incluir integridade, honestidade, respeito, responsabilidade, compaixão, justiça, liberdade, trabalho árduo, lealdade, entre outros.

   _____

   _____

   _____

   _____

2. O que realmente importa para você? Anote três coisas que surjam em seu pensamento.

   a) _____

   b) _____

   c) _____

3. Qual é sua visão para os próximos cinco anos? Defina um objetivo para cada ano em áreas de sua escolha, como vida social, família, amigos, relações amorosas, saúde, desenvolvimento intelectual, carreira, negócios, finanças, espiritualidade e lazer.

   • Ano 1: _____

   _____

- Ano 2: _____

- Ano 3: _____

- Ano 4: _____

- Ano 5: _____

Visualize esses valores e objetivos. Mantenha-os em mente enquanto lê o restante do livro, a fim de garantir que todas as ações propostas estejam alinhadas com sua verdade interior.

2º PASSO: AÇÃO CONSISTENTE E INTENCIONAL

Aja de maneira consistente e intencional, planejando cada ato para refletir seus valores e seus objetivos.

1. Pense em uma ação simples que você pode realizar hoje para se alinhar com seus valores. Pode ser algo pequeno, como tomar uma decisão que reflita o que realmente importa para você.

2. Anote essa ação.

_____

_____

_____

_____

3. Agora, defina uma meta que você possa alcançar nos próximos três dias, que seja clara, mensurável e alinhada com seus valores.

_____

_____

_____

Realize a ação ainda hoje, durante a leitura. Volte ao livro amanhã e depois para revisar seu progresso. Então, crie mais metas de ação para os três dias seguintes.

3º PASSO: GRATIDÃO E MOTIVAÇÃO

Esse exercício pode alterar completamente seu ponto de vista sobre a realidade. Eu o pratico diariamente, em um processo de contínuo aperfeiçoamento.

Toda situação vivenciada no dia a dia tem uma "metade cheia do copo", ou seja, sempre há algo para aprender, e desenvolver essa perspectiva cognitiva pode ser mais eficaz do que você imagina. Michael J. Fox, protagonista do filme *De volta para o futuro*, que lida atualmente com a doença de Parkinson, afirma que "Com gratidão, o otimismo é sustentável". Viktor Frankl, neurologista e psiquiatra austríaco que sobreviveu aos horrores dos campos de concentração nazistas, também observou que aqueles que encontravam um sentido nas próprias vivências, por mais terríveis que fossem, tinham maiores chances de sobreviver. Esses exemplos nos mostram que, independentemente das circunstâncias, a gratidão pode ser uma ferramenta poderosa para cultivar o otimismo e encontrar propósito. Sendo assim, você não deveria se sentir profundamente grato a todo instante?

Sem nenhum apelo religioso, expressar gratidão pelo que você já tem pode remodelar seu cérebro para se tornar mais feliz e empático, diminuindo o estresse e a ansiedade e promovendo bem-estar. Além disso, ao definir objetivos e intenções partindo de um estado de gratidão, você ativa circuitos de dopamina de modo mais eficaz, o que cria uma motivação duradoura e sustentada.

1. Pense em cinco coisas pelas quais você é grato e anote-as.

- _____
- _____
- _____
- _____
- _____

2. Comece a escrever seu "caderno da gratidão". Cada dia, ao acordar, escreva uma linha de gratidão. Se preferir, faça isso antes de dormir, depois de reler tudo pelo que já agradeceu nos dias anteriores. Faça isso por 365 dias. Se perder um dia, recomece o ciclo. No dia 1, anote cinco coisas pelas quais você é grato. A partir do dia 2, continue com um agradecimento diário, sempre relendo os anteriores.

Este passo foi projetado para ajudá-lo a se tornar mais consciente da abundância que existe em sua realidade e a se conectar com a gratidão de maneira prática, mantendo-o engajado e promovendo um estado mental mais positivo e otimista ao longo de sua jornada.

4º PASSO: CULTIVE RELAÇÕES AUTÊNTICAS

É essencial ter bons relacionamentos. Cultive relações autênticas e construa conexões profundas com pessoas que compartilham os mesmos valores e a mesma visão que você. Seja um mentor ou procure orientação de quem já trilhou o caminho desejado. Todas as pessoas têm algo para ensinar e algo para aprender. Lembre-se de que é sempre uma via de mão dupla.

A autenticidade nas relações humanas cria um ambiente de crescimento mútuo. Ao mesmo tempo, não leve tão a sério a opinião dos outros. Pegue o que serve para você e descarte o que não se encaixa. Nem todas as críticas ou sugestões refletem sua verdade interior, então é importante filtrar o que realmente ressoa com seus valores e objetivos.

1. Feche os olhos por um minuto, respire profundamente três vezes. Visualize três pessoas com quem você deseja construir uma conexão mais profunda e autêntica.

2. Anote o nome dessas pessoas.

3. Escolha uma pequena ação para fortalecer essa conexão – pode ser mandar uma mensagem de agradecimento, convidar para um café ou fazer uma ligação rápida.

Execute uma dessas ações antes de continuar a leitura.

5º PASSO: REFINE, ADAPTE E CRESÇA CONTINUAMENTE

Para alcançar resultados duradouros, é essencial estar preparado para refinar e adaptar suas ações. Revise regularmente suas metas, ajustando-as conforme necessário. Esteja atento aos feedbacks que receber e às mudanças ao seu redor. Lembre-se de que a adaptação é indispensável para o sucesso em um mundo em constante transformação – seja receptivo às percepções que surgem com sucessos e falhas e ajuste suas estratégias para continuar a construir resultados que falam por si.

Busque continuamente novos conhecimentos. Estudar e aprender é fundamental para o crescimento pessoal e profissional. Recomendo a leitura dos livros *O poder do agora*, de Eckhart Tolle, e *Em busca de sentido*, de Viktor Frankl. O primeiro ensina como viver plenamente o presente para alcançar paz interior e clareza de propósito, oferecendo percepções valiosas sobre como tomar decisões alinhadas com sua verdade interior. O segundo aborda a importância de encontrar significado e propósito, mesmo nas situações mais difíceis, e, com isso, sustentar sua resiliência e determinação.

Busque sempre aprimorar suas ações. Refinar, adaptar e crescer continuamente são processos que andam juntos e garantem que você se mantenha no caminho certo em sua jornada de vida.

Aplique esse passo a passo para alcançar os resultados que refletem sua verdade interior e trazem satisfação genuína. Isso mudará seu destino. Permita-se um alinhamento profundo entre seus valores pessoais e suas ações, que crie uma base sólida para decisões autênticas e sustentáveis.

Meu conselho final é: persista e seja consistente. A jornada pode ser desafiadora, mas cada passo em direção a sua verdade interior fortalece sua integridade e seu bem-estar. Se, por algum motivo, você pensar em desistir, lembre-se de que os maiores sucessos vêm com resiliência e comprometimento. A transformação requer tempo e esforço. E os resultados serão paz interior, relacionamentos autênticos e sucesso verdadeiro.

Reflita sobre suas vitórias anteriores e visualize o impacto positivo que essas mudanças trarão para sua vida e para as pessoas ao seu redor. Encare cada obstáculo como uma oportunidade de crescimento e mantenha o foco nos benefícios de longo prazo. Lembre-se de que cada passo, por menor que seja, é um avanço na direção certa. Você está construindo uma vida de significado e propósito.

Construa um sistema de apoio, conecte-se com pessoas que compartilham seus valores e não hesite em buscar ajuda quando necessário. Essa rede de suporte pode fornecer encorajamento e perspectivas valiosas ao longo do caminho.

Por último, lembre-se: cada passo que você dá em direção a sua verdade interior é um investimento em seu próprio bem-estar e no impacto positivo que você pode ter no mundo e na vida das pessoas ao seu redor. Não se trata apenas de alcançar resultados, mas também de viver uma vida alinhada com seus valores mais profundos. Essa decisão muda tudo. É uma jornada desafiadora, admito, mas cada momento vale a pena.

Acredite em sua capacidade de criar mudanças significativas e de construir resultados que realmente falam por si. Mantenha-se firme, confie no processo e celebre cada pequena vitória. Sua autenticidade é sua maior força. Ao viver de acordo com ela, você se torna uma fonte de inspiração para os outros.

Vá em frente, com coragem e determinação. O mundo precisa de seu brilho, de sua verdade e das contribuições que só você pode oferecer a partir de sua experiência de vida, do que o trouxe até aqui. Essa não é apenas uma escolha, é uma necessidade. Persistir em seu caminho de forma plena e autêntica é honrar a pessoa que você está destinado a ser. Tenho certeza de que você está pronto para alcançar uma vida de sucesso e realização.

© Gustavo Ribeiro

CAPÍTULO 15
ENCONTRE SUA IDENTIDADE VERBAL AUTÊNTICA

CIBELE COSTA

 @porcibelecosta
 @pedra.palavra
 Cibele Costa

Cibele Costa é escritora, palestrante, consultora, empresária e fundadora da Pedra Palavra, um ateliê de branding verbal. Começou a carreira como jornalista, tendo atuado na *Folha de S.Paulo* e em afiliadas da Rede Globo no interior de São Paulo e na Bahia. É mestre em Comunicação e especialista em marketing, mídias digitais e branding.

Autora do livro *Cada palavra importa* (Literare Books, 2024), tem como propósito auxiliar profissionais e empresários a encontrar as palavras certas para que os negócios que lideram gerem conexões fortes e os resultados sejam potencializados por meio de uma comunicação única e incomparável.

A palavra errada – ou, principalmente, quando utilizada na hora errada e no contexto errado – causa prejuízos inimagináveis a pessoas e empresas. Isso não é novidade, talvez você até já saiba desse fato. A boa comunicação sempre foi essencial, então precisamos entender como ela opera e tentar ao máximo evitar ou minimizar os prejuízos. Como? Partindo do princípio.

Com a internet, as redes sociais, as novas tecnologias de comunicação e, mais recentemente, o avanço espantoso da inteligência artificial, conquistar a atenção do público, gerar conexão e se destacar no mercado para vender e se manter relevante ficou cada vez mais difícil – tanto para profissionais quanto para empresas. Você tem percebido isso em sua vida e em seu ecossistema?

Em uma análise bem simples e partindo da linguagem comum, é "tiro, porrada e bomba" nos canais digitais. Em cada canto, há diversas pessoas querendo falar mais alto para ganhar a briga constante por atenção, que é o ativo mais valioso do mundo. Marcas pessoais e empresariais têm feito de tudo para se sobressair. Algumas, inclusive, têm metido os pés pelas mãos. Como a sociedade tem acesso rápido e fácil a tudo ao alcance de um toque na tela do celular, muitos não têm conseguido manter a coerência na comunicação em cada canal em que se expressam ou divulgam produtos e serviços.

No fim das contas, olhamos para o que está na internet e parece que é "mais do mesmo". A sensação é de que tudo já foi criado, assim como ouvimos e lemos em uma frase que é amplamente difundida: "Tudo que poderia ter sido inventado já foi inventado". Nada é novo, nada é diferente. Então como se destacar em um mercado tão competitivo e barulhento? Parece uma missão quase impossível. Isso porque, cada vez mais, a diferenciação tem acontecido por meio da comunicação, da personalidade, dos valores e de bandeiras levantadas por pessoas e marcas. O público quer se reconhecer, quer se identificar com as marcas que consome, mesmo nas escolhas mais óbvias do dia a dia.

Nessa batalha por atenção, existe outro ponto importante: o número de canais de comunicação se multiplica todo ano, e tornou-se um desafio gigantesco manter as diretrizes de linguagem e o tom de voz em todos eles. Quer ver como isso é verdade? O público é agora "onisciente", pois tudo vê, tudo ouve e sobre tudo opina, graças à mágica dos canais digitais e da presença deles na vida das pessoas da hora em que acordam e até o momento em que vão dormir.

O grande problema dessa comunicação tortuosa é que ela se torna incoerente, sem diretrizes, sem confiança. E o resultado? Menos vendas, menos negócios, menos lucro e, talvez, uma sentença de morte para a empresa. Portanto, podemos dizer que, em tempos de múltiplos canais e múltiplas telas, ter uma identidade verbal coesa e envolvente, diferenciada e cheia de personalidade, não é mais apenas útil, e sim *essencial* para atrair e cativar o público certo – e, ao mesmo tempo, para afastar aquele que não faz sentido com a proposta da marca.

Hoje, consumidores estão atentos aos mínimos detalhes. Marcas até podem falar o que querem, mas a internet não perdoa o menor deslize. E a prova disso são os inúmeros exemplos de empresas que precisaram se desculpar publicamente por equívocos publicados nas redes sociais, sempre na tentativa de apagar incêndios e evitar prejuízos muito maiores.

Indo além, o fator *personalidade* na comunicação não apenas evita prejuízos, mas também otimiza investimentos. Quando consegue estabelecer uma conversa próxima com clientes atuais e em potencial, uma marca consegue reduzir gastos com marketing, poupar esforços de convencimento e, assim, vender mais e melhor.

Analisando a situação, vejo que existem dois cenários muito comuns – e talvez você esteja passando por um deles (ou até por ambos!).

No primeiro, você se encheu de expectativas com a vida empreendedora, teve uma ideia incrível de negócio que impacta positivamente o mundo ao seu redor e sonhou em conquistar a liberdade de fazer o que acredita com as próprias regras. Mas o resultado não chegou como esperava. E pior: você se vê preso às urgências alheias e a fórmulas de sucesso que nunca se concretizam. O sentimento de frustração é inevitável, e você começa a questionar até sua capacidade técnica.

No segundo cenário, sua ideia empreendedora deu certo e a empresa está em crescimento. Conforme novas demandas surgem, mais pessoas se juntam ao time. Aqui você começa a "perder a mão", ou seja, não se reconhece mais na comunicação da marca e sente que a essência foi perdida. A impressão que dá é que a faísca inicial que fez sua marca se destacar e prosperar não existe mais.

Você se identifica com algum desses cenários? Por minha experiência, sei que existem grandes chances de que, em algum nível, você esteja passando por pontos desses contextos. Isso acontece porque é muito difícil comunicar um propósito claro e manter uma comunicação consistente e única com tanta gente falando e escrevendo por aí nas plataformas digitais. Em geral, o desânimo e a insegurança tomam conta. Então como é possível continuar em expansão e manter a chama, os valores, as crenças e o propósito lá do começo? Na verdade, é simples – porém, às vezes é bem difícil fazer o que é simples...

Você pode estar passando por esses problemas porque não lhe disseram que a comunicação de sua marca é um ativo tão ou mais importante que o investimento em equipamentos, ferramentas, espaço físico, plataformas, insumos e equipe técnica. Para construir relevância e provar ao mundo que sua ideia é genial para o público consumidor é preciso que ele conheça sua marca e enxergue a comunidade da qual fará parte. Não dá mais para se moldar ao concorrente que deu certo na expectativa do mesmo resultado. Sim, é preciso conhecer o mercado, fazer *benchmarking* e analisar os competidores, mas com um único objetivo: encontrar uma lacuna que não está sendo preenchida e ocupar esse lugar. Ou seja, diferenciar-se. Só assim sua voz será ouvida sem que você precise gritar. Só assim você conseguirá furar a bolha para que suas soluções sejam consideradas pelo público.

Por isso, como reflexão, para que você analise sua jornada, responda às perguntas a seguir.

1. Quem é você?

2. O que o mercado quer e espera de você?

3. Qual é sua essência?

4. Como você pode atingir o mercado com sua essência?

Refletir sobre o que é esperado e nomear o que está dentro de você são grandes passos em direção a sua identidade autêntica. Desenvolver uma identidade verbal única, diferenciada e envolvente é o modo mais barato e eficaz de construir clareza de ofertas, relacionamentos duradouros, conexões significativas e negócios de valor. Lembre-se do que comentei: quase tudo já foi feito e quase tudo pode ser copiado. Mas ninguém pode copiar sua história, seus valores, seu porquê, suas causas e crenças. Ninguém pode copiar sua personalidade e seu jeito de se comunicar com o público. Isso é único. E precisa ser usado a seu favor.

NÃO TENTE SER O MELHOR, TENTE SER ÚNICO

Grandes marcas que conhecemos fazem isso muito bem. Observe a Apple e perceba que, desde o início, é uma empresa que se posiciona como contestadora, com linguagem e elementos verbais muito próprios e autênticos. A Nike tem uma narrativa de superação e de que "se você tem um corpo, você é um atleta", evidenciando isso em cada peça ou produto. Ou ainda o Nubank, o banco "nu", que não apenas se diferenciou no mercado por questionar as "letras miúdas" como criou uma categoria de bancos digitais no Brasil, começando por escolher muito bem as palavras que usaria para se destacar no mercado e chamar atenção.

Será que você consegue olhar para algumas marcas e falar sobre a empresa e os valores dela? Deixarei três marcas a seguir e quero que você tente reunir todas as informações que sabe sobre elas, sem pesquisar, apenas com o conhecimento que já está em sua mente.

1ª marca: Microsoft
Qual é o segmento da marca? Quais são os valores dela?

_____

_____

_____

_____

2ª marca: Amazon
Qual é o segmento da marca? Quais são os valores dela?

_____

_____

_____

_____

3ª marca: NVIDIA
Qual é o segmento da marca? Quais são os valores dela?

_____

_____

_____

_____

Em primeiro lugar, temos a Microsoft. Entre alguns dos valores da empresa estão a abertura, a vontade de abraçar grandes desafios e a paixão por tecnologia, parceiros e clientes. E tudo isso está muito bem comunicado em todos os materiais que a marca produz.[1] Depois, temos a Amazon, uma das maiores do mundo enquanto escrevo este capítulo. Os valores dela incluem obsessão pelo cliente – o que é claramente transmitido em serviços rápidos

---

[1] MISSÃO e valores Microsoft. **News Microsoft**, 2024. Disponível em: https://news.microsoft.com/pt-pt/missao. Acesso em: 6 ago. 2024.

e efetivos –, paixão pela invenção e compromisso com a excelência operacional.[2] Preciso falar algo mais? A última marca é a NVIDIA, uma empresa de inovação que tem como valores a descomplicação, times organizados por talentos e busca constante por mudanças e disrupção.[3]

Esses são apenas alguns exemplos. Poderíamos ficar algumas páginas falando sobre marcas que se destacam. Meu objetivo foi mostrar como uma comunicação autêntica muda a maneira como sua empresa é vista. Cada uma dessas gigantes de mercado olhou o que estava disponível e encontrou uma lacuna própria para preencher. Como consequência, as pessoas entendem e percebem essas marcas como tribos que geram pertencimento.

Com uma identidade verbal clara, consistente, autêntica e forte, é possível demarcar muito bem o terreno em que a marca se estabelece, a fim de desenvolver conversas próximas com todos os públicos, em todos os pontos de contato, do início da jornada de compra até a fidelização dos clientes, que vão se sentir em casa e motivados a continuar por perto. Isso é construir resultados que falam por si e ganham mais força com o tempo.

Para encontrar sua identidade verbal autêntica e transformar sua marca em um negócio incomparável, você só precisa de três pilares: narrativa envolvente, personalidade singular e linguagem própria compartilhada com o público. Vamos falar sobre cada um desses pontos?

1º PILAR: NARRATIVA ENVOLVENTE

Nasce da história da marca ou do fundador, dos valores, dos princípios, das crenças e da visão de mundo. Se existir algo a ser combatido no mercado ou pelo que vale a pena lutar contra, melhor ainda. É assim que a narrativa ganha potência. Mas cuidado: a narrativa não é apenas sobre a essência da marca; ela deve ser construída no cruzamento entre o olhar

---

[2] QUEM somos. **Amazon**, 2024. Disponível em: https://www.aboutamazon.com.br/quem-somos. Acesso em: 6 ago. 2024.

[3] SOMOS uma só equipe resolvendo os desafios mundiais de computação visual. **NVIDIA**, 2024. Disponível em: https://www.nvidia.com/pt-br/about-nvidia/culture-at-nvidia. Acesso em: 6 ago. 2024.

para dentro e o olhar *para fora*, ou seja, olhando para o negócio (internamente) enquanto olha para o mercado, o público, o contexto, o ambiente e os cenários (externamente).

Para facilitar o movimento de olhar para dentro, responda:

No que acredito?

_____

_____

O que defendo com unhas e dentes?

_____

_____

Contra o que me levanto sem medo?

_____

_____

Que mundo quero criar com minhas soluções?

_____

_____

Ao olhar para fora, a reflexão que precisa ser feita é: como a marca ou o segmento é percebido pelo público? Para ajudar você nesse processo, uma sugestão é perguntar a trinta bons clientes por qual motivo eles continuam comprando de você, o que os surpreende no produto ou serviço que você oferece e como eles percebem sua marca no mercado. Com essas respostas, você terá insumos para criar sua identidade.

2º PILAR: PERSONALIDADE

Personalidade de marca é o jeito como ela fala o que fala. É um modo de se expressar em cada canal e em cada conversa. Personalidade é a voz da marca, aquelas características que nunca mudam porque fazem parte do DNA da empresa. Imagine a personalidade desta maneira: independentemente do canal, das pessoas, do contexto ou do ambiente, ela não altera as características porque é o que a torna coerente e consistente ao longo do tempo. E isso é fundamental!

3º PILAR: LINGUAGEM

A linguagem é a ponta final da equação da comunicação autêntica. É na linguagem que a narrativa e a personalidade se manifestam. Ela abrange as escolhas estilísticas de texto e de fala, além do universo de expressões e palavras que serão utilizadas, considerando também o tom de voz, ou seja, a forma como a voz da marca se adequa e se flexibiliza, quando necessário, conforme as pessoas, o ambiente e o contexto.

Quero que você utilize o que apresentei em cada um desses pilares, com os *inputs* necessários, para encontrar sua voz única, coerente com o que está construindo. E, para fechar essa metodologia, quero que pense nisso como uma pirâmide invertida: embaixo está a linguagem, que deve ser coerente com a personalidade que, por sua vez, deve confirmar a narrativa – a "mãe" da identidade verbal.

Ao longo dos últimos anos consolidando esses fatores, realizei na Pedra Palavra, minha empresa, dezenas de consultorias de branding verbal para marcas pessoais e empresariais com o objetivo de criar o guia de identidade verbal desses empreendimentos. Todos terminaram com a sensação de que, finalmente, aquelas marcas tinham voz própria e podiam tangibilizar conceitos muitas vezes abstratos, como valores, missão e visão, em palavras simples e compreensíveis para o público interno e externo. Como sempre existe uma história que nos marca, quero contar o *case* de uma de minhas primeiras clientes.

Ela era uma executiva na área de gestão e cultura organizacional, com experiência de três décadas em grandes empresas. Estava insatisfeita com o trabalho corporativo, então decidiu empreender criando a própria consultoria. E foi aí que nos conhecemos.

Ela me procurou para criar o nome da marca e definir, logo no início, a identidade verbal. Foi um processo incrível, artesanal e profundo. Depois de muito trabalho, finalmente nasceram o nome da marca, o conceito, a narrativa, a personalidade, a linguagem e todos os elementos verbais, como slogan, mensagem de marca, manifesto e muito mais.

Depois que entregamos o trabalho, ela começou a apresentar a nova empresa para antigos contatos. Foi assim que conseguiu marcar uma reunião com a diretoria de um grande grupo têxtil que tem lojas espalhadas por todo o Brasil. No início da apresentação, pediu licença para revelar o manifesto da empresa antes mesmo de explicar os serviços que oferecia. Fez isso porque queria mostrar ao mundo o trabalho que tínhamos realizado e como a empresa estava diferente. Depois da reunião, bastante emocionada, ela me contou que, apenas ao ler o manifesto, projetado em um slide na parede, a diretora respondeu: "Não precisa dizer mais nada. Já entendi tudo, quero contratar você".

Esse é o poder de uma identidade verbal forte manifestada da maneira certa. Uma boa narrativa de marca, quando comunicada com personalidade e linguagem únicas, gera resultados no negócio – não apenas para potencializar o marketing e as vendas, mas também para criar uma comunidade em torno de uma ideia e para evitar perdas por causa de desconexão com o público.

Por outro lado, uma narrativa ruim, assim como aconteceu em casos polêmicos de diversas marcas pelo mundo, pode ser extremamente prejudicial à imagem projetada e aos resultados obtidos ao longo do tempo. Aqui, vale citar especificamente o caso da Balenciaga, marca criada pelo estilista espanhol Cristóbal Balenciaga, que aconteceu em 2022 e envolveu abuso infantil.

Em imagens de uma campanha publicitária, crianças eram mostradas e associadas a elementos do universo BDSM, que envolve práticas sexuais baseadas em dor e desequilíbrio de poder entre os envolvidos. Na época, fãs, influenciadores e empresas importantes demonstraram descontentamento com a campanha.[4] Mas a marca foi além. No verão de 2023, em outra polêmica, a Balenciaga divulgou uma foto em que no fundo aparece um livro de Michael Borremans, que está envolvido no universo obscuro de pintura

---

[4] BALENCIAGA gera revolta por campanha com apologia a abuso infantil; entenda. **UOL**, 28 nov. 2022. Disponível em: https://www.uol.com.br/nossa/noticias/redacao/2022/11/28/balenciaga-gera-revolta-por-campanha-que-refletiria-abuso-infantil-entenda.htm. Acesso em: 6 ago. 2024.

de crianças.[5] Percebe como é importante ter um direcionamento e cuidar de todos os detalhes da comunicação?

Se você ainda estiver se questionando se vale a pena investir nisso, pense o seguinte: quanto custa investir muito tempo e dinheiro no desenvolvimento de produtos e serviços e não conseguir comunicá-los da maneira certa para a pessoa certa? Quanto custa estar em rota de crescimento acelerado e, de repente, ser "cancelado" nas mídias digitais por conta de alguma ideia mal comunicada? Quanto custa não ter diretrizes verbais claras para sair de uma situação ruim da melhor forma possível? Esses valores são praticamente incalculáveis. É desperdício de tempo e dinheiro.

Sim, nos tempos de hoje, é imprescindível trabalhar o branding. Para isso, não basta ter uma identidade visual bacana e cuidar da imagem estética dos produtos, é preciso saber cativar com uma conversa amigável e próxima. Afinal, **o visual atrai, mas é o verbal que envolve**. E sabe qual é a melhor parte disso tudo? Como mencionei, desenvolver uma identidade verbal é a forma mais simples e eficaz de construir valor para as marcas porque, além de demandar menos investimento em dinheiro que o marketing – cada vez mais caro –, é algo que dura para toda a vida do negócio.

E se eu puder deixar uma mensagem final, que seja esta: não tenha receio de dizer ao mundo no que acredita. Não tenha medo de se levantar contra o que você não concorda no mercado. Tenha firmeza em suas palavras e se posicione com valentia. O mercado ignora os "mais do mesmo" e a internet não perdoa quem não se posiciona.

Coloque, em sua organização, o investimento em sua comunicação "encantante". Apesar de ser uma palavra nova e ainda não dicionarizada no Brasil, acredito que ela funciona muito bem para a mensagem que você deixará ao seguir os passos sobre os quais falamos anteriormente.

Assim como encontrei e adotei a palavra "encantante", encontre expressões, jargões e mensagens próprias e destaque-se da concorrência apenas por meio das palavras. Se precisar de ajuda, estou por aqui.

---

[5] TORRE, L. Entendendo a polêmica em torno da Balenciaga. **Elle**, 28 nov. 2022. Disponível em: https://elle.com.br/moda/entendendo-a-polemica-em-torno-da-balenciaga. Acesso em: 6 ago. 2024.

Acervo pessoal

CAPÍTULO 16
COMO OBTER RESULTADOS EXCEPCIONAIS EM TEMPOS COMPLEXOS

FERNANDO MOULIN

Fernando Moulin é natural de Volta Redonda (RJ) e um dos principais especialistas brasileiros em transformação digital, inovação e gestão da experiência do cliente. Com mais de vinte e cinco anos de atuação no ramo, atualmente é sócio da Sponsorb, empresa boutique de business performance focada há vinte anos na geração de receitas incrementais extraordinárias para clientes por meio da transformação digital e de dados. Foi executivo em grandes empresas multinacionais e brasileiras, ocupando posições de liderança em companhias globais, regionais e nacionais. Professor de pós-graduação em escolas como Escola Superior de Propaganda e Marketing (ESPM) e Instituto de Ensino e Pesquisa (Insper), é palestrante, cofundador da Malbec Angels, mentor de startups e colunista de veículos de comunicação. Foi eleito, em 2022, para o Hall of Fame da Associação Brasileira de Marketing de Dados (ABEMD). Também é coautor dos best-sellers *Inquietos por natureza* (Gente, 2023) e *Você brilha quando vive sua verdade* (Gente, 2023). É vascaíno, apaixonado por pessoas, viagens, leituras, mergulho e fotografia. Procura sempre adotar um olhar transformador e positivo em tudo o que faz.

Estamos vivenciando uma enorme transformação no ambiente de trabalho desde a chegada da revolução digital. E raras vezes na história conseguimos ter tamanha oportunidade de integrar talentos e competências individuais à necessidade urgente de realizações de alto impacto nas empresas. Organizações estão ávidas por resolver desafios de negócios complexos, bem como carentes de gente motivada, capacitada e comprometida para desenvolver projetos que gerem resultados efetivamente superiores à média.

Essa profunda mudança trouxe oportunidades de carreira e geração de renda até então inacessíveis, que muitas vezes se perdem e não são capturadas corretamente pelos profissionais. Em paralelo, nunca houve desafios estruturalmente tão complexos para se resolver no ambiente de gestão e negócios, que têm escala global e criam intensa competitividade entre empresas e até entre nações. Esses desafios demandam talentos e especialistas comprometidos, e apenas 3% das companhias brasileiras acreditam que têm hoje as capacidades necessárias para ser bem-sucedidas nas próprias estratégias.[1]

Percebo que existem quatro problemas principais que influenciam esse desafio. São eles:

- **1º problema**: o Brasil é recorrentemente classificado como um dos dez países mais complexos do mundo para se fazer negócios,[2] o que exige enorme flexibilidade, talento e compromisso dos profissionais.

- **2º problema**: mais de 60% dos profissionais brasileiros estão absolutamente insatisfeitos com o rumo da própria carreira e com o emprego

---

[1] GONÇALVES, F. Pesquisa mostra o que as empresas brasileiras têm feito para reter talentos. **Valor Econômico**, 18 out. 2023. Disponível em: https://valor.globo.com/carreira/noticia/2023/10/18/pesquisa-mostra-o-que-as-empresas-brasileiras-tem-feito-para-reter-talentos.ghtml. Acesso em: 6 ago. 2024.

[2] HUB do Índice Global de Complexidade Corporativa. **TMF Group**, 2024. Disponível em: https://www.tmf-group.com/pt-br/noticias-insights/publicacoes/hub-indice-global-complexidade-corporativ/. Acesso em: 6 ago. 2024.

atual.[3] Ainda que esse problema seja mais notório em gerações mais jovens e tradicionalmente mais questionadoras dos modelos de trabalho em vigência, a insatisfação perpassa substancialmente todas as idades – e muitos estão procurando outros empregos.

- **3º problema:** mais de 80% das empresas enfrentam dificuldades para encontrar profissionais qualificados.[4]

- **4º problema:** a despeito de todo esse cenário, somente um terço das empresas tem planos estruturados de gestão e retenção de talentos – e, normalmente, esses processos são voltados somente para a alta gestão.[5]

Você já havia parado para pensar nessas questões? A quais conclusões você chega a partir disso tudo? Escreva um pouco de suas percepções.

[3] 60% dos profissionais estão insatisfeitos com o emprego atual, e 20% já estão procurando uma nova posição. **Época Negócios**, 13 fev. 2023. Disponível em: https://epocanegocios.globo.com/colunas/profissionais-da-nossa-epoca/coluna/2023/02/60percent-dos-profissionais-estao-insatisfeitos-com-o-emprego-atual-e-20percent-ja-estao-procurando-uma-nova-posicao.ghtml. Acesso em: 6 ago. 2024.

[4] DIFICULDADE em encontrar talentos afeta 84% das empresas, diz pesquisa. **RH pra Você**, 26 jan. 2022. Disponível em: https://rhpravoce.com.br/redacao/dificuldade-em-encontrar-talentos-afeta-84-das-empresas-diz-pesquisa. Aceso em: 6 ago. 2024.

[5] ESTUDO: só 36% das empresas têm planos de retenção de talentos. **RH pra Você**, 29 jan. 2024. Disponível em: https://rhpravoce.com.br/redacao/planos-retencao-talentos. Acesso em: 6 ago. 2024.

Com as competências corretas e um planejamento eficaz para os próximos passos da carreira, é bastante viável obter reconhecimento, crescimento pessoal e ganhos financeiros absolutamente fora da curva, pois há infinitas possibilidades de progresso e geração de renda integradas a realização pessoal e satisfação genuínas. Conforme esclareço em minha contribuição no best-seller *Você brilha quando vive sua verdade*, lançado pela Editora Gente em 2023, se quatro em cada cinco brasileiros desejam mudar de carreira,[6] por que não associar esse desejo de transformação a todas as oportunidades técnicas e financeiras trazidas pelo momento atual, no Brasil e em todo o mundo?

Não fazer nada nessa direção pode gerar significativas frustrações profissionais e pessoais no futuro, pois investimos grande parte da vida no trabalho. E a perspectiva de ter vivido essa jornada de maneira medíocre ao desperdiçar oportunidades é recorrentemente associada a problemas psicológicos e sociais.

Percebo que existe uma diversidade de sentimentos associados a profissionais que não estão felizes com o atual rumo da própria carreira e desejam mudar, mas não sabem como e nem para onde ir – ou com que propósito. Os principais motivos de insatisfação com as ocupações atuais estão ligados a falta de reconhecimento, excesso de trabalho e rotinas estressantes, incapacidade de conciliar temas da vida pessoal com a vida profissional, falta de desafios inspiradores, conflitos com terceiros (colegas, gestores etc.), culturas corporativas tóxicas ou que têm valores muito divergentes dos valores pessoais do empregado, falta de flexibilidade e remuneração insuficiente ou aquém da desejada.

Os sentimentos decorrentes disso são: fracasso, impotência, dúvidas sobre os caminhos de carreira, questionamentos sobre o que estão fazendo com a própria vida, frustração, desejo profundo de mudança sem capacidade de executar a transição, falta de sucesso e crescimento

---

[6] NICOCELI, A. 4 em cada 5 brasileiros consideram mudar de carreira, aponta pesquisa. **CNN Brasil**, 18 mai. 2022. Disponível em: https://www.cnnbrasil.com.br/economia/macroeconomia/4-em-cada-5-brasileiros-consideram-mudar-de-carreira-aponta-pesquisa. Acesso em: 6 ago. 2024.

profissional, busca (infrutífera) por realizar algo com maior impacto para as pessoas e a sociedade em geral, demanda por maior equilíbrio, doenças ligadas à saúde mental, desejo de passar mais tempo com as pessoas amadas, sensação de "estar jogando a vida fora", angústia, aflição, raiva, frustração, dor e por aí vai. Tudo isso, quando potencializado ao longo de anos, leva a nefastas consequências.

Nesse sentido, existem alguns fatos inegáveis que podem estar contribuindo para a origem ou a piora do cenário. O primeiro relaciona-se ao fato de que a economia digital está há pouquíssimo tempo entre nós e já tem muitas implicações. Objetivamente, a internet é uma "jovem adulta", com uso comercial e amplamente disponível por não muito mais do que duas décadas. Pense na história da humanidade e em tudo o que construímos ao longo de milhares de anos. A internet, com suas infinitas possibilidades e impactos, está conosco há apenas uma mínima fração do tempo que estamos aqui. É uma transformação muito profunda em diversas dimensões. E exige adaptação a fim de que possa ser absorvida, interpretada e potencializada. Seja para capturar oportunidades, seja para evitar riscos e problemas decorrentes dessas mudanças. É um desafio extremo.

Temas como "saúde mental" e o impacto das emoções e dos sentimentos em nossos hábitos e projetos de carreira e vida também são assuntos que passaram a ser mais estudados recentemente. Junte a isso a rápida ascendência dos novos modelos de negócio nas empresas, novos formatos de trabalho, pressões econômicas de toda natureza (inclusive pós-pandêmicas) e a quantidade de oportunidades disponibilizadas ao imaginário coletivo por um mundo cada vez mais global e digital, bem como um condicionamento social, seja nas famílias, seja nas empresas – os modelos de gestão de pessoas no capitalismo ainda remontam, na maioria das organizações, aos princípios tayloristas e fordistas do início do século XX,[7] e temos a equação perfeita do caos entre o que somos e o que "devemos ser", perante a sociedade, a família, os amigos ou os

---

[7] MODELOS de produção: taylorismo e fordismo. **ProEnem**, 2024. Disponível em: https://proenem.com.br/enem/geografia/modelos-de-producao-taylorismo-e-fordismo. Acesso em: 6 ago. 2024.

colegas de trabalho. Não fomos preparados para buscar carreiras mais vinculadas a nossas verdades nem na escola nem em casa. Também não recebemos educação financeira adequada para estruturar nossa independência financeira.

Fomos treinados ao longo de toda a vida na mentalidade da escassez: a pensar sempre no que está faltando, nas dificuldades, nas dores, nos problemas... Inverter a ótica e entender que existe um sem-fim de oportunidades para os que enxergam a abundância do mundo – como empregos, fluxos financeiros, novas redes e grupos sociais, cursos e técnicas de capacitação, literatura disponível para aprendizagem, soluções de inteligência artificial e muito mais – nos empodera e nos estimula a protagonizar a conquista de trajetórias incrivelmente realizadoras e profissionalmente prósperas. Problemas se transformam em oportunidades, vulnerabilidades viram fortalezas, e parece que tudo conspira para a prosperidade.

Se você veio ao encontro desta obra, entende ou intui que precisa aprimorar sua capacidade de construir resultados efetivamente superiores e que falem por si próprios. É provável também que deseje transformar sua carreira e sua vida, aumentando o impacto que deixa no planeta ao longo de sua jornada individual e, como consequência, elevando sua prosperidade financeira e emocional.

Segundo uma frase popularmente atribuída ao filósofo alemão Friedrich Nietzsche, "Não é a força, mas a constância dos bons resultados que conduz os homens à felicidade". Ou seja, execução e consistência são fundamentais para a mudança. Como estímulo adicional, deixo uma reflexão de Francis Bacon, um dos "pais" do método científico: "Se quisermos alcançar resultados nunca antes alcançados, devemos empregar métodos nunca antes testados".[8]

O passo a passo a seguir incorpora uma metodologia progressiva e continuada para conquistar resultados que falam por si próprios, em linha com conceitos, necessidades e desafios mencionados até aqui.

---

[8] BACON, F. **Novo órgão ou elementos de interpretação da natureza** (Coleção "Os Pensadores"). São Paulo: Abril Cultural, 1979.

A intenção é ajudar você a despertar para essa nova vivência com sucesso, a fim de que conquiste seus sonhos e, paralelamente, supere as limitações decorrentes do modelo mental anterior.

1º PASSO: AUTORREFLEXÃO E ENTENDIMENTO DO PROPÓSITO PESSOAL PARA A MUDANÇA

Sabemos como as coisas são quando o processo de mudança se inicia, mas não sabemos *como* e *quando* terminarão. Você deseja de fato ser esse agente de transformação? Então reflita por cinco minutos e responda às questões a seguir:

- Você deseja mudar com qual propósito?

- O que almeja realizar e obter ao fim desse processo?

- Quais serão as dimensões dessa transformação (profissionais e pessoais)?

2º PASSO: DEFINIÇÃO DE METAS E DOS RESULTADOS A ATINGIR

A partir da autorreflexão e do entendimento de propósito, você deve definir quais são os resultados excepcionais que deseja atingir. É importante descrever tanto os objetivos pessoais quanto os profissionais. Lembre-se: esses resultados precisam ser profundamente transformadores e impactantes.

Também é necessário detalhar esses objetivos por período e definir indicadores de avaliação para cada um deles. Minha sugestão é: defina uma visão para daqui a cinco anos em, no máximo, cinco objetivos (pessoais + profissionais).

VISÃO DE CINCO ANOS	
OBJETIVOS PESSOAIS	OBJETIVOS PROFISSIONAIS

Em seguida, determine o que precisará atingir nos mesmos objetivos em três anos.

VISÃO DE TRÊS ANOS	
OBJETIVOS PESSOAIS	OBJETIVOS PROFISSIONAIS

Agora, defina-as para daqui a um ano. A visão de curto prazo deverá compor a visão de médio e longo prazos, e os indicadores de avaliação deverão estar correlacionados.

VISÃO DE UM ANO	
OBJETIVOS PESSOAIS	OBJETIVOS PROFISSIONAIS

Agindo dessa forma, o plano ficará coeso e integrado. Para definir os indicadores e o plano de metas, recomendo ter o auxílio de técnicas como a metodologia SMART, na qual as metas devem ser específicas, mensuráveis, atingíveis, relevantes e temporais.

3º PASSO: ANÁLISE DE COMPETÊNCIAS E CAPACIDADES PRÓPRIAS

A partir da visão dos resultados ambicionados por dimensão e objetivo, analise com realismo seu grau atual de competências e capacidades. Ademais, verifique qual é o *gap* para as competências e as capacidades requeridas a fim de chegar às metas desenhadas. Certamente haverá pontos a desenvolver e necessidades de evolução. É importante entender se você deverá buscar alguma capacitação formal, algum projeto ou quaisquer outros meios que reduzam essa lacuna. Um mentor que acompanhe sua jornada também poderá ser útil nessa etapa do processo de transformação, bem como realizar testes vocacionais e de personalidade.

4º PASSO: ANÁLISE CRÍTICA DAS NECESSIDADES DE MERCADO E DO CONTEXTO COMPETITIVO

Algumas das perguntas que deverão ser respondidas incluem, mas não se limitam, às seguintes:

- Quem está buscando resultados em linha com minha visão?

- Existe abundância de pessoas com as competências necessárias (alta concorrência) ou é algo ainda novo?

- Há oportunidades latentes ou é um mercado em declínio?

- Buscam-se generalistas ou especialistas?

- Quanto se investe no setor, segmento ou área?

- Quais são as projeções para o futuro?

Para a realização deste passo, sugiro usar o business model canvas ou técnicas parecidas como apoio. Você deve construí-lo baseado em suas respostas.

5º PASSO: PLANO DE AÇÃO

Chegou a hora de construir e detalhar as atividades de projeto necessárias para sair do estado atual e chegar ao estado "uau" (futuro) almejado a partir das respostas levantadas nas etapas anteriores. Apesar de haver inúmeras ferramentas on-line prontamente disponíveis para ajudá-lo a construir e documentar um plano de ação, minha recomendação é que você registre em um caderno quais atividades realizará e em qual janela de tempo, para atingir quais metas.

6º PASSO: CONSTRUÇÃO DE REDES DE APOIO

Neste ponto, são requeridas duas atividades:

a) Compartilhar seu projeto com pelo menos uma pessoa de confiança, com a qual poderá fazer *checkpoints* periódicos de revisão e ajuste. Isso ajudará no compromisso da execução e na redução de riscos. Liste a seguir quem serão essas pessoas e as datas possíveis desses encontros.

_____

_____

_____

_____

_____

_____

_____

b) Mapear e se envolver com outras pessoas e/ou associações que atuam no campo profissional desejado, que entendem do segmento de mercado ou que possam, de algum modo, ajudar a viabilizar seu projeto e a desenvolver suas competências e seus conhecimentos durante a jornada. Anote quais são seus planos para concretizar este passo.

_____

_____

_____

_____

_____

_____

_____

7º PASSO: EXECUÇÃO

Esta etapa consiste em começar a executar/realizar a transformação efetivamente, com acompanhamentos periódicos e recorrentes. Aqui também recomendo fortemente o apoio de um mentor ou coach para facilitar cada passo da caminhada.

8º PASSO: CHEGANDO LÁ!

Por fim, é fundamental ter rituais de celebração do sucesso (parciais, ao longo da jornada, e um rito final ao alcançar os objetivos estabelecidos), planejamento dos próximos passos e atividades para seguir evoluindo no novo nível de desempenho conquistado.

Seja nos projetos de consultoria especializada que desenvolvi para clientes de grande porte, seja durante minha prática pregressa como executivo em empresas líderes no Brasil e no mundo, o fato é que utilizei esta técnica diversas vezes para implementar transformações bastante ambiciosas e em grande escala. Em geral, sou contratado para resolver e equacionar desafios complexos, que podem envolver centenas de stakeholders, atividades simultâneas e processos concorrentes entre si. Não é incomum que, antes da abordagem metodológica, esses projetos apresentem históricos de insucessos ou de baixo impacto na captura de valor e resultados. Felizmente, por meio dessa técnica, auxiliei dezenas de grandes e médias empresas a realizar poderosos *turnarounds* de negócio e a gerar bilhões de reais em resultados incrementais, principalmente aproveitando as infinitas possibilidades trazidas pelas áreas de transformação digital e dados.

Em paralelo, capacitei e ajudei a desenvolver centenas de líderes – em todos os níveis organizacionais – nesta metodologia, e tenho orgulho das realizações profissionais que atingiram e hoje potencializam. Minhas próprias realizações de carreira, que incluem mudanças planejadas e executadas em prol de um conjunto de objetivos pessoais (de engenheiro químico a pioneiro do marketing digital, de executivo de sucesso a palestrante, consultor que atende a CEOs e diretores, autor best-seller e mentor de executivos), são um testemunho do poder dessa técnica, que desenvolvi empiricamente e aperfeiçoei ao longo dos anos.

Então, ao analisar objetivamente a quantidade de talento e recursos desperdiçados diariamente no mercado de trabalho, em um momento em que tanto se pode fazer e tanto precisa ser feito para tornar a sociedade e o planeta melhores, me causa profunda tristeza saber que a maioria dos profissionais não aproveita as incríveis oportunidades de nossa era. Nunca houve tanto acesso a informação, recursos e condições para que pudéssemos prosperar financeira e tecnicamente, vivendo uma existência mais feliz e realizada.

Ainda assim, parece que ocorre exatamente o contrário: a maioria das pessoas está insatisfeita com a vida – e, por extensão, com a carreira –, e existe um número nunca visto de casos de depressão, suicídio e outras questões associadas à saúde mental; pobreza em diferentes extratos sociais e muita gente "vivendo para trabalhar", com um potencial infinito de recursos humanos sendo jogado fora. Portanto, comecei a ficar cada vez mais incomodado por não compartilhar soluções e métodos a fim de que a maior quantidade possível de pessoas pudesse atingir resultados muito superiores aos mais ambiciosos sonhos e desejos.

Assim, procurei reunir neste capítulo o que aprendi em vinte e cinco anos de experiência implementando programas de transformação dos mais variados tamanhos e com as mais diversas culturas, para tentar de algum modo contribuir e multiplicar esse conhecimento com todos os que almejam mais resultados, mais felicidade e mais realização na carreira e nos propósitos de vida. Portanto, acredite no tamanho de suas capacidades e no incrível poder dos resultados que somente você pode trazer para a sociedade e para a vida daqueles que ama.

Não passe pelo mundo para ser "somente mais um"; seja o "fora da curva" que será lembrado com admiração, carinho e muito respeito ao longo do tempo devido aos incríveis resultados que perpetuarão o fruto de seu esforço, visão e sonhos. Não precisa ser algo grandioso ou que vai resolver dilemas mundiais. O que quero propor é que você construa um legado e conquiste resultados que tenham significado genuinamente alinhado a sua essência, seu propósito íntimo e seus desejos – eles podem ser extremamente ambiciosos ou estar restritos à esfera individual.

Nossa passagem pelo planeta é breve e termina sem que possamos controlar o "dia do fim". Portanto, não deixe para viver "no dia seguinte" aquilo em que acredita, não deixe para ser sua melhor versão amanhã.

Espero que o método aqui apresentado ajude você e que possamos juntos celebrar todas as conquistas que advirão de seu esforço e compromisso.

© Fernanda Farias

CAPÍTULO 17
SÓ FALTA
SER DIGITAL!

VANESSA SENS

 @vanessa.sens

 @storysellingvanessasens

 @vanessasensadvogada

 Sens Reckelberg Advocacia

 Vanêssa Maria Sens Reckelberg

Vanessa Sens é advogada, professora e especialista em direito previdenciário desde 1999. Também é reconhecida profissionalmente como mentora e palestrante. A experiência que carrega já impactou mais de mil alunos e transformou a vida de várias centenas de famílias. É coautora best-seller nos livros *Você brilha quando vive sua verdade* (2023) e *Inquietos por natureza* (2023). Divide a jornada também com as realizações de ser esposa, mãe de três filhos, comunicadora e gestora do próprio negócio.

A era digital é uma realidade que não pode mais ser ignorada. Percebo isso porque trabalho desde 1999 com direito previdenciário e, mesmo sendo reconhecida como autoridade nesse segmento, tive que aprender que o mercado está em constante evolução.

Estamos vivendo momentos em que as oportunidades aparecem para aqueles que não se escondem, destacam os próprios talentos e se mantêm visíveis a qualquer oportunidade. É uma revolução digital, e ela está moldando todas as áreas. Enquanto muitos profissionais insistem em se acomodar, aqueles que abraçam a tecnologia estão avançando a olhos vistos e conquistando mais espaço. A realidade, contudo, é que, apesar de existir uma facilidade enorme nessa era digital, algumas habilidades e estratégias não podem ser aprendidas apenas por meio de tutoriais, porque elas exigem prática e atualização contínua. Tenho visto alunos se apresentarem com confiança e destreza em ambientes digitais enquanto muitos profissionais, até mais experientes, ficam para trás por não acompanharem essa revolução.

A necessidade de se adaptar à era digital é urgente! Não podemos nos dar ao luxo de ser engolidos por profissionais mais ágeis e inovadores. Estamos em um momento de transformação acelerada, em que o digital deixou de ser apenas uma opção e se tornou uma necessidade estratégica. Muitas vezes, as oportunidades passam despercebidas por estarmos presos a barreiras que, na maioria das vezes, são mais pessoais e psicológicas do que efetivamente reais.

Portanto, posso dizer que minha missão neste capítulo é apoiar você, leitor, no desbloqueio de sua capacidade de atuar no digital, de se apresentar em lives e vídeos, sem procrastinar devido às dificuldades que possam surgir. Quero que você enfrente as dificuldades e se destaque nesse universo. Meu objetivo é explorarmos juntos estratégias eficazes para que você possa atuar com confiança e se tornar um verdadeiro fora da curva no ambiente digital.

É fato que, para desbloquearmos algumas habilidades, é preciso prática, experiência e, acima de tudo, disposição para enfrentar medos e limitações. Sempre me senti à vontade falando tanto em mídias como em emissoras de rádio e de televisão, mas, acredite, surpreendentemente, enfrento dificuldades quando se trata de lives e stories em redes sociais. Percebi que registrar a própria imagem ao vivo, ouvir a própria voz e assistir à própria performance pode ser uma experiência desconfortável para algumas pessoas, pois as crenças limitantes sobre perfeição e reprovação podem se tornar barreiras. Infelizmente, isso pode nos levar a perder oportunidades imensuráveis de nos apresentarmos como autoridade em nossa área de atuação.

O problema não reside apenas na competência técnica ou prática, mas também na coragem para vencer as crenças pessoais e as barreiras internas. Ao deixar que o medo da reprovação o impeça de agir, você perde a chance de realmente se conectar com seu público e de fortalecer sua imagem profissional. Precisamos adotar uma mentalidade de ação para enfrentar o problema de uma vez por todas.

Para muitos profissionais, algumas ações no digital são verdadeiras batalhas internas contra sentimentos e crenças que podem ser paralisantes. Se você está lutando para encontrar seu lugar nesse ambiente, saiba que não está sozinho. Existem dois conjuntos de sentimentos mais comuns dentro desse universo. São eles: rejeição e não aceitação, além de sufocamento e pressão para mudar.

REJEIÇÃO E NÃO ACEITAÇÃO

Aqui estou falando sobre uma voz interna que nos diz que não somos suficientes. Essa voz nos convence de que seremos julgados e rejeitados por não corresponder a um ideal de perfeição que, muitas vezes, sequer existe. Como advogada, sempre ouvi dizer que pessoas que falam bem, se expressam com clareza e são persuasivas têm mais chances de cativar a audiência.

No entanto, mesmo com a experiência angariada ao longo de tantos anos e a certeza de que meus alunos adoram minha performance em sala de aula pela maneira como apresento o conteúdo, ainda me pego duvidando de minha capacidade de causar impacto em algumas situações no digital. E somente quando se trata de transmissões ao vivo. É como se, de repente, minha autoridade, meu conhecimento e minha experiência não fossem suficientes para enfrentar a câmera do celular.

SUFOCAMENTO E PRESSÃO PARA MUDAR

A pressão é ainda mais intensa quando sabemos que somos visados em nossa profissão. Há uma ansiedade subjacente que nos faz sentir como se estivéssemos constantemente correndo contra o tempo, e procrastinar nos dá a falsa sensação de que teremos mais uma chance. No entanto, essa corrida nunca termina, e o peso das expectativas continua a nos esmagar. Erroneamente, acreditamos que, para sermos heróis em nossa área, precisamos ser grandes de modo tangível e visível.

Mas fique tranquilo, porque mostrarei como você pode se destacar não por meio de uma imagem perfeita, e sim pela grandiosidade de *ser quem você é*. Antes, entretanto, deixo alguns breves questionamentos:

a) Por que tantos de nós enfrentamos essas dificuldades?
b) O que nos impede de alcançar nosso potencial total?

Para mim, existem três principais motivos que frequentemente nos mantêm presos a esse estado de insatisfação e estagnação: falta de orientação e de paciência, crenças limitantes e comparação intergeracional.

FALTA DE ORIENTAÇÃO E DE PACIÊNCIA

Um dos principais motivos pelos quais muitos de nós sentimos que estamos à margem do progresso é a falta de orientação adequada e de paciência de quem poderia nos ensinar. Muitas vezes, não encontramos pessoas dispostas a explicar pacientemente as nuances do ambiente digital ou a compartilhar experiências de maneira que realmente possamos aprender e evoluir. Imagine um artista brilhante que não consegue expor a própria obra ao mundo. Não por falta de talento, mas por não saber como fazer transmissões ao vivo. A lógica é a mesma aqui.

CRENÇAS LIMITANTES E COMPARAÇÃO INTERGERACIONAL

É bem provável que você, assim como eu, seja de uma geração que não cresceu com a tecnologia digital nas mãos. Para muitos de nós, a ideia de não saber como algo funciona ou de não conseguir acompanhar o processo é motivo de vergonha e frustração. No entanto, é importante reconhecer que essa dificuldade é mais comum do que imaginamos.

Sendo assim, convido você a superar seus desafios como eu superei os meus. Ao aceitar suas limitações, você cria uma base sólida para a verdadeira transformação, em que cada passo, por menor que seja, o aproxima da realização plena. É uma jornada que requer a prática consistente de ações que o permitam evoluir e crescer. E aqui precisamos deixar de lado o perfeccionismo, que muitas vezes é alimentado por autojulgamento severo e nos impede de avançar. Ao querermos que tudo seja perfeito, ficamos paralisados. No entanto, a perfeição é uma ilusão.

Para ajudar sua compreensão, imagine que está aprendendo a dirigir. Nesse processo, é comum o carro "morrer" algumas vezes. Isso faz parte. Uma das maneiras mais eficazes de superar essas barreiras é observando como outras pessoas fazem, aprender com elas e praticar sem julgamento ou cobrança excessiva. Ao praticar, em seu ritmo, você pode experimentar sem medo do julgamento externo. Você pode observar, absorver e aplicar o que aprendeu em um ambiente seguro. Então, para superar esses medos e as inseguranças, é necessário reconhecer que o julgamento mais severo vcm de dentro.

A seguir, apresentarei um método que guiará você em um processo de autodescoberta e transformação. Ao enfrentarmos o desafio de falar ao vivo sobre nosso trabalho e nossa carreira, muitos de nós sentem ansiedade e medo do julgamento. Portanto, a ideia de construir resultados que falam por si pode parecer intimidadora à primeira vista, mas com um método claro e passos práticos é possível transformar essa ansiedade em confiança. Não se trata de oferecer uma solução rápida ou um truque milagroso, e sim de ter soluções práticas consistentes que ajudarão você a romper as limitações que enfrenta hoje e que eu já enfrentei também.

Vamos, então, iniciar um passo a passo com oito pilares que o ajudarão a construir resultados impactantes por meio de lives. A transformação digital já está aqui, e cabe a você decidir se será engolido por ela ou se a utilizará para alcançar novos patamares de sucesso.

PASSO 1: PREPARAÇÃO

A preparação é a pedra angular de qualquer apresentação bem-sucedida, especialmente quando falamos de transmissões ao vivo. Trata-se de entender o propósito de sua apresentação e o impacto que você deseja criar. Resuma a seguir o que você pretende alcançar com esse primeiro passo.

PASSO 2: DEFINIÇÃO DE OBJETIVOS

Antes de começar, pergunte a si mesmo: "Qual é o objetivo da live?". Um objetivo claro orienta todo o processo de preparação e garante que sua mensagem permaneça coesa e eficaz.

PASSO 3: IDENTIFICAÇÃO DO PÚBLICO

Identifique quem são as pessoas que você deseja alcançar com a live. Isso é vital para ajustar o tom, a linguagem e o conteúdo ao que realmente importa para eles. Como fazer isso? Considere criar personas, que são representações semifictícias de seu público-alvo. Pense em aspectos como idade, profissão, interesses e desafios comuns e liste-os a seguir.

PASSO 4: ESTRUTURAÇÃO DO CONTEÚDO

Crie uma estrutura clara para a live, com introdução envolvente, conteúdo relevante e uma chamada para ação. A introdução deve capturar a atenção do público, o corpo deve entregar um conteúdo valioso e a conclusão deve resumir os pontos principais e incentivar a interação futura.

Uma dica prática: faça um roteiro para guiar sua apresentação. Isso ajuda a manter o foco e evitar desvios.

PASSO 5: ENSAIO E SIMULAÇÃO

Tente ensaiar a apresentação em voz alta, usando o mesmo equipamento e ambiente que usará na live real. Para praticar, grave as apresentações e assista a si mesmo para identificar em que pode melhorar.

E não se esqueça dos feedbacks! Compartilhe as gravações com amigos, familiares ou colegas de confiança e peça opinião honesta. Esteja aberto a críticas construtivas e use-as para aprimorar sua apresentação.

PASSO 6: CONFIGURAÇÃO TÉCNICA

A qualidade técnica pode impactar significativamente a percepção do público sobre sua apresentação. Então, utilize equipamento adequado e invista em um bom microfone e câmera para garantir qualidade de áudio e vídeo.

PASSO 7: INTERAÇÃO E ENGAJAMENTO

Um dos maiores benefícios das transmissões ao vivo é a capacidade de interagir com o público em tempo real e de capturar e manter o interesse dos espectadores. Por isso, *inicie com uma saudação envolvente*. Comece a live com uma saudação calorosa e um breve resumo do que será discutido. Depois, *estimule a participação*. Incentive o público a fazer perguntas e participe ativamente da seção de comentários.

PASSO 8: ENCERRAMENTO

Conclua a live convidando o público a continuar a conversa nas redes sociais ou a participar de futuras transmissões. A maneira como você conclui a conversa é tão importante quanto a maneira como a inicia.

Ao seguir esses passos, você transformará sua ansiedade em confiança e seu conhecimento em impacto real. Lembre-se de que o objetivo é compartilhar sua autenticidade e expertise. Seja paciente consigo mesmo, celebre cada progresso e esteja sempre disposto a aprender e evoluir. Esse é o melhor caminho.

Em minha jornada, observei muitas pessoas e empresas que passaram por transformações significativas ao adotar uma abordagem estruturada para se apresentar no ambiente digital. Muitos advogados têm vasto conhecimento, mas lutam na hora de compartilhá-lo em plataformas on-line. Apesar de serem referência na área de atuação, têm bloqueio quando se trata de lives e webinars, e isso limita a presença digital deles. O momento decisivo vem quando percebem que estão perdendo mercado para quem utiliza mídias sociais e plataformas de vídeo para se conectar diretamente com o público. Então, é como se uma porta se abrisse e as desculpas fossem deixadas de lado para que uma nova atitude tome conta.

Aplicando o método, posso garantir que sua jornada será mais fácil. Sua primeira live será um divisor de águas e o início de uma nova etapa profissional com aumento na visibilidade e na geração de *leads* qualificados. A chave para o sucesso é sempre a preparação estratégica, o ensaio contínuo e a busca por feedbacks. Lembre-se disso! Com essas ferramentas, qualquer profissional pode fazer transmissões ao vivo impactantes, conectar-se com o público e transformar conhecimento em resultados tangíveis. E essa jornada não é apenas sobre crescimento profissional, mas também sobre a satisfação pessoal de saber que você está compartilhando valor genuíno com o mundo.

Por esse motivo, quero que você decida mudar e alcançar o resultado almejado. Quando se trata de se apresentar ao vivo e falar sobre seu trabalho, carreira e profissão, a diferença entre sucesso e estagnação muitas vezes está em tomar uma atitude consistente. Existem várias razões para que você não possa mais adiar, mas quero citar apenas algumas.

A. TRANSFORMAÇÃO PROFISSIONAL

Colocar o método em prática permitirá que você melhore suas habilidades de comunicação e aumente sua visibilidade no mercado. Em um mundo cada vez mais digital, ter a capacidade de se conectar com o público de maneira autêntica e eficaz pode ser o diferencial que coloca você à frente da concorrência.

B. CONFIANÇA E AUTORIDADE

Ao dominar a arte de falar em público e utilizar plataformas digitais para compartilhar conhecimento, você começa a construir uma presença de autoridade em sua área, fazendo que clientes e colegas o vejam como uma referência.

C. CRESCIMENTO PESSOAL

Superar o medo de se expor e abraçar o desafio de falar em público ajuda a quebrar barreiras pessoais, desenvolver resiliência e descobrir novas capacidades que você talvez não soubesse que tinha.

D. NETWORKING E OPORTUNIDADES

Ao se envolver mais ativamente em lives e eventos on-line, você abre portas para novas conexões profissionais e oportunidades que podem impulsionar sua carreira.

E. BÔNUS

Quero deixar alguns materiais de apoio como fonte de inspiração. Eles cobrem vários aspectos da comunicação eficaz, desde a criatividade e a persuasão até a autenticidade e as habilidades técnicas.

- *Roube como um artista: 10 dicas sobre criatividade*, livro de Austin Kleon.[1] Esse livro é um excelente ponto de partida para quem busca inspiração criativa e deseja desenvolver uma abordagem única. Kleon incentiva os leitores a "roubarem" ideias de várias fontes, reinventá-las e transformá-las em algo original.

---

[1] KLEON, A. **Roube como um artista**: 10 dicas sobre criatividade. Rio de Janeiro: Rocco, 2013.

- "The Science of Persuasion", artigo de Robert Cialdini.[2]

  Nesse artigo, Cialdini explora os seis princípios universais de persuasão que podem ser aplicados em apresentações, discursos e marketing pessoal.

Quero também deixar um conselho importante, simples e, ao mesmo tempo, profundo: não subestime seu poder de superação. Muitas vezes, o que nos impede de avançar é a expectativa de que precisamos ser perfeitos desde o início. Tenha motivação para persistir.

Ao chegar aqui, saiba que o futuro pertence àqueles que se atrevem a dar o primeiro passo. Portanto, transforme desafios em oportunidades. A transformação acontece quando você decide que a situação atual não define quem você é ou aonde você pode chegar. Construa uma nova realidade. O mundo digital oferece um palco ilimitado para que você compartilhe seu conhecimento e brilhe em sua carreira.

Visualize o impacto que você pode ter quando deixar sua marca, tornando-se uma voz confiável e respeitada em sua área. O momento de agir é agora. Não espere o "momento perfeito" que nunca chegará. A verdadeira magia acontece quando você decide ser o protagonista da própria história. E lembre-se sempre de que o caminho para ser fora da curva começa com um simples passo à frente. Vá em frente e faça acontecer. Fazemos o que fazemos por um "porquê" e um "por quem". Isso muda absolutamente tudo!

---

[2] CIALDINI, R. The Principles of Persuasion Aren't Just for Business. **Influence At Work**, 23 mai. 2016. Disponível em: https://www.influenceatwork.com/principles-of-persuasion. Acesso em: 9 ago. 2024.

CONCLUSÃO

Deixo três conselhos finais para seu último movimento de energia em direção à mudança, principalmente agora que você já tem todas as ferramentas para fazer diferente:

1. Tenha coragem de limpar seu armário.
2. Escreva seu novo futuro.
3. Crie condições de manter aceso seu propósito em busca do futuro que deseja.

Sugiro também que você olhe para sua história, para tudo o que aprendeu até aqui e o que está vivendo hoje. Depois, a pergunta que precisa ser feita é: "Com o que eu devo ficar?".

Imagine que sua vida é como um armário lotado de roupas, sapatos e acessórios. Ali, você guarda tudo o que já comprou, ganhou ou recebeu desde que nasceu. Então, esse armário está completamente lotado. Abarrotado de roupas e sapatos, com pilhas e pilhas de itens que você, provavelmente, já nem usa mais. Coisas das quais gosta e coisas que odeia. Coisas que combinam com seu estilo atual e coisas que já não fazem mais sentido para quem você se tornou. Por que então continuar guardando? Por que não fazer uma limpeza?

Ao avaliar seu armário, identifique aquilo que deve ser repensado e defina a partir de quais novos parâmetros que aprendeu você fará isso. Será que hoje você pagaria o mesmo preço que pagou no passado por determinadas roupas? **Será que em algumas outras peças você não investiria mais?** Quando isso estiver muito claro em sua autoanálise, tenha coragem para abandonar o que está sobrando, o que não faz mais sentido, o que está ocupando espaço desnecessário. Se você não usa ou não se sente confortável com aquilo, descarte. Se você já não pagaria mais o preço que pagou, descarte, porque é hora de abrir espaço no armário. Só assim você construirá o novo. Só assim escreverá seu novo futuro, pois coisas sem uso ocupam lugares de coisas novas.

É na capacidade de se encorajar a executar o que é necessário que reside a beleza da vida. Você precisa estar encorajado para executar seu projeto. Precisa dar significados novos ao que aconteceu a fim de cuidar do presente e do futuro. Em outras palavras, é essa mudança de mentalidade que faz que você crie as condições necessárias a fim de manter a chama de seu propósito acesa e seguir em direção ao que imagina para sua vida.

Existe uma frase de que gosto muito e acredito que se encaixa perfeitamente neste momento de fechamento: **Nada do que acontece com você não foi você quem causou.** Guarde bem isso. Leia e releia quantas vezes for necessário. Essa frase quer dizer que é só nossa a responsabilidade de mudar o que vivemos. O que acontece conosco é de responsabilidade pura e simplesmente nossa. Temos o poder de transformar nosso sofrimento em medalhas olímpicas. Ninguém pode fazer isso por nós. Não espere um salvador, não acredite que amar é uma via de mão única, que o sucesso é feito por atalhos. Não acredite que você precisará fazer apenas aquilo de que gosta, porque isso não é verdade.

Precisamos ter responsabilidade e, muitas vezes, terceirizamos, delegamos, buscamos alternativas, esperneamos e tentamos encontrar atalhos. O caminho é árduo, mas vale a pena. Só fazendo o que precisa ser feito, mudando o que precisa ser mudado, é que subiremos no pódio da vida para comemorar nossas conquistas. Seja na vida pessoal, seja na vida profissional. As conquistas só têm verdadeira grandiosidade quando são proporcionais à intensidade do que precisamos passar para chegar lá. Ou seja, quanto maior é a dificuldade, maior é a recompensa. Seja no futuro, seja no presente. E essa é uma verdade incontestável.

Por esse motivo, espero que você saia daqui com sua esperança renovada. Inspire-se a fazer diferente. Pegue cada um dos aprendizados e os transforme em um passo a passo que será fonte de força e propósito para levar você adiante.

Então, para fecharmos, deixo um último exercício. A seguir, crie dez frases iniciadas por um verbo de ação no infinitivo, com uma variação de números de até 25% de diferença entre um e outro, além de parâmetros de prazos com datas específicas, dia, mês e ano. Esses serão seus próximos passos para começar a transformação, como um grande plano de ação concreto e específico que deve ser relido, buscado e monitorado trimestralmente.

Por exemplo:

- Fazer aulas de inglês de três a quatro vezes por semana entre 15 de agosto e 20 de setembro de 2024, investindo de 1.250,00 a 1.500,00 reais por mês.
- Lucrar de 100 a 125 mil reais de 3 de novembro a 15 de dezembro de 2024.
- Viajar para os Estados Unidos por dez a doze dias gastando de 7 mil a 8.500,00 dólares de 15 de janeiro a 20 de junho de 2025.

A partir dessa definição, volte aqui sempre que necessário e faça o monitoramento trimestral do que planejou. Se precisar, destrinche essas frases em outras menores e mais facilmente atingíveis, mas jamais as deixe de lado.

Se possível, compartilhe com quem você ama e corresponde seu amor. Esteja ao lado de quem torce por você. E suporte a dor da conquista.

Lembre-se: chegar ao pódio da vida só depende de o caminhante continuar a jornada. Seu futuro só depende dessa visão concreta e específica. **Então, seu futuro começa no presente: agora!**

DR. LUIZ FERNANDO GARCIA

Este livro foi impresso
pela gráfica Plena Print em
papel lux cream 70 g/m²
em setembro de 2024.